MARCO POLO

SÜDTIROL

Reisen mit Insider Tipps

Mir gefällt der Mix aus italienischer Lässigkeit und deutscher Gründlichkeit ebenso wie das Klima mit viel Sonne und milden Wintern – und dann die großartige Landschaft, von hochalpin bis südlich-mediterran.

MARCO POLO Autor
Oswald Stimpfl
(siehe S. 130)

Das passt:
Der MARCO POLO Sprachführer Italienisch

Weitere MARCO POLO Titel:
Italien, Italien Nord, Dolomiten, Emilia-Romagna, Gardasee, Mailand/Lombardei, Oberitalienische Seen, Piemont/Turin, Umbrien, Venedig, Ligurien/Cimque Terre ...

Spezielle News, Lesermeinungen und Angebote zu Südtirol:
www.marcopolo.de/suedtirol

SÜDTIROL

> SYMBOLE

Insider Tipp — MARCO POLO INSIDER-TIPPS
Von unserem Autor für Sie entdeckt

★ MARCO POLO HIGHLIGHTS
Alles, was Sie in Südtirol kennen sollten

SCHÖNE AUSSICHT

WLAN-HOTSPOT

▶▶ HIER TRIFFT SICH DIE SZENE

> PREISKATEGORIEN

HOTELS

€€€ ab 110 Euro
€€ 70–110 Euro
€ bis 70 Euro
Die angegebenen Preise gelten für ein Doppelzimmer pro Nacht in der Saison

RESTAURANTS

€€€ ab 40 Euro
€€ 25–40 Euro
€ bis 25 Euro
Die Preise gelten für ein Essen mit Vor-, Haupt- und Nachspeise

> KARTEN

[118 A1] Seitenzahlen und Koordinaten für den Reiseatlas Südtirol

Karten zu Bozen, Brixen, Bruneck und Meran finden Sie im hinteren Umschlag

Zu Ihrer Orientierung sind auch die Orte mit Koordinaten versehen, die nicht im Reiseatlas eingetragen sind

INHALT

> SZENE

S. 12–15: Trends, Entdeckungen, Hotspots! Was wann wo in Südtirol los ist, verrät der MARCO POLO Szeneautor vor Ort

> 24 STUNDEN

S. 100/101: Action pur und einmalige Erlebnisse in 24 Stunden! MARCO POLO hat für Sie einen außergewöhnlichen Tag in Bozen und Umgebung zusammengestellt

> LOW BUDGET

Viel erleben für wenig Geld! Wo Sie zu kleinen Preisen etwas Besonderes genießen und tolle Schnäppchen machen können:

Günstig logieren im Gasthaus Paflur S. 36 | Kolossale Leinwand im Knottenkino S. 48 | Kostenlos ins Kloster S. 56 | Italienischkurs per MP3-Player S. 64 | Baden im Biotop S. 74 | Preiswert schlemmen in Percha S. 84 | Gratis in die Kunsthandwerkausstellung S. 95

> GUT ZU WISSEN

Was war wann? S. 10 | Vinschger Bahn S. 20 | Spezialitäten S. 26 | Blogs & Podcasts S. 38 | Kaiserin Sisi S. 46 | Kastelruther Spatzen S. 58 | Bergbaugeschichte S. 82 | Bücher & Filme S. 112

AUF DEM TITEL

Naturschutzgebiet mit Kabinenumlaufbahn S. 57
Wellness vom Architekten: die Therme von Meran S. 45

ENTDECKEN SIE SÜDTIROL!

Unsere Top 15 führen Sie an die traumhaftesten Orte und zu den spannendsten Sehenswürdigkeiten

Die Highlights sind in der Karte auf dem hinteren Umschlag eingetragen

1 Vinschger Bahn
Die moderne Bahn erlaubt Ausflugs- und Radlspaß in schönster Landschaft (Seite 20)

2 Nationalpark Stilfser Joch
Zu Gast in der eindrucksvollen, fremden Welt der Hochgebirgsregion des Ortlermassivs mit ihrer alpinen Tier- und Pflanzenwelt (Seite 37)

3 Pfarrkirche Niederlana
Gotische Kunst in meisterlicher Vollendung: der figurenreiche Flügelaltar von Hans Schnatterpeck (Seite 41)

4 Ultental
Der Himmel auf Erden zwischen Seen und Wäldern in einem Tal voller Heiliger (Seite 43)

5 Gärten von Schloss Trauttmansdorff
Der botanische Garten lockt mit duftender Pflanzenvielfalt und Kunstwerken (Seite 44)

6 Dom und Kreuzgang
Die Bilderbuchbibel von Brixen ist mittelalterliche Wandmalerei in Perfektion (Seite 53)

7 Seiser Alm
Weiche Blumenteppiche vor harten Dolomitenwänden schaffen eine traumhafte Naturkulisse (Seite 57)

8 Laubengasse und Obstplatz
Am Ende der zentralen Bozner Gasse mit ihren wunderschönen historischen Häusern wartet knackiges, gesundes Obst (Seite 62)

> DIE BESTEN MARCO POLO HIGHLIGHTS

9 Südtiroler Archäologiemuseum
Wer war „Ötzi"? Die fesselnde Ausstellung rund um die Gletschermumie erzählt vom Leben vor 5000 Jahren (Seite 63)

10 Sternwarte und Sonnenobservatorium
In der wunderbaren Landschaft um den Rosengarten kommt man den fernen Gestirnen so richtig nah (Seite 68)

11 Kalterer See
Die Perle des Weinstraßengebiets bietet Badespaß, Seerundwanderungen und Waldspaziergänge (Seite 73)

12 Bletterbachschlucht
Der Weg durch die dunklen Tiefen dieser Klamm ist eine Reise in die Entstehungsgeschichte der Dolomiten (Seite 77)

13 Pragser Wildsee
Eine Bergschönheit, gleich in doppelter atemberaubender Ausführung: der imposante Gipfel des Seekofels und seine Spiegelung im klaren Wasser des Pragser Wildsees (Seite 86)

14 Sexten
Eine Sonnenuhr aus Berggipfeln, die die Namen von Stunden tragen, und die Symbolberge der Dolomiten – die berühmten, unverwechselbaren Drei Zinnen (Seite 86)

15 Fanesalm
Im Frühling ist diese einzigartige Hochfläche ein Blumenmeer, im Herbst ein sagenumwobener Naturschauplatz vor der phantastischen Kulisse rund um den Grünsee (Seite 94)

Schloss Tirol bei Meran

Südliches Flair mit mehr als 300 Sonnentagen im Jahr – da lockt zu jeder Jahreszeit die Natur. Südtirol ist reich an Sport- und Freizeitmöglichkeiten inmitten grandioser Landschaft mit vergletscherten Bergen, malerischen Seen und Wäldern. Für das „Indoor-Programm" sorgen historische Städte mit Kulturschätzen und kulinarischen Besonderheiten. Bleibt noch das Plus der Sprachen: Die Menschen hier im Nordosten Italiens sind deutscher, italienischer oder ladinischer Muttersprache – und vielleicht gerade deshalb so aufgeschlossen und kreativ. Entdecken Sie in neuem Licht, was an Tradition die Jahrhunderte überdauert hat.

> Schon im Namen klingen die Vorzüge Südtirols an: Es liegt auf der südlichen, der sonnenverwöhnten Seite der Alpen, es ist der südlichste deutsche Sprachraum und gleichzeitig die nördlichste Provinz Italiens. Das ideale Reiseland also, und außerdem ein landschaftlich faszinierender Übergang zwischen dem gebirgigen Norden und dem mediterranen Süden. Obstgärten in den Tälern, Rebhügel an den sonnenüberfluteten Mittelgebirgsterrassen, Kastanienhaine, Bergwälder, Almen und als Krönung die spektakulären Felstürme der Dolomiten und die Gletscher der Hochgebirge – abwechslungsreicher kann sich Natur kaum präsentieren.

Der wetterbegünstigten Lage ist es zu verdanken, dass für Südtirol das ganze Jahr über Reisezeit ist. Im Frühling stehen die Apfelbäume im Etschtal in voller Blüte, und im Sommer sind Radfahren, Wandern, Klettern, Schwimmen, Rafting und vieles mehr angesagt. Im Herbst wird inmitten der Farbenpracht der Wälder und Reben beim „Törggelen“ der neue Wein mit gebratenen Kastanien verkostet. Und im Winter locken die schneesicheren Hänge auf die Skipisten, während die stimmungsvollen Adventsmärkte in den Städten mit Handwerk und Kunsthandwerk verführen.

Kulturinteressierte und Entdeckungsfreudige finden über 300 Burgen, Schlösser und Ansitze in oft spektakulärer Lage. Über 80 Museen präsentieren moderne Kunst und wertvolle sakrale Kunstwerke oder entführen in die Welt der berühmten Gletschermumie „Ötzi“.

> *Kleines Land mit dreisprachiger Bevölkerung*

Südtirols Besonderheiten sind damit noch nicht ausgeschöpft. Es ist zwar eine kleine Region (7400 km^2), hat aber eine Bevölkerung, die drei Sprachen spricht: deutsch, italienisch und

Bergwandern in den Dolomiten vor der beeindruckenden Kulisse des Kesselkogels

ladinisch, eine rätoromanische Sprache, die sich nach der Romanisierung aus dem Vulgärlatein und aus Resten des Regionaldialekts entwickelt hat. Unter den Römern sind auch die seit Urzeiten bestehenden Wege zu wichtigen Verbindungsstraßen entlang der Etsch und dem Eisack ausgebaut worden. An deren Zusammenfluss entwickelte sich das Städtchen Bozen von einem Marktflecken zu einer bedeutenden Handelsstadt. Heute ist Bozen mit seinen 100000 Ew. politischer, kultureller und wirtschaftlicher Mittelpunkt Südtirols. Das Sprachengemisch in den Straßen, die pulsierenden Gewerbezonen im Süden der Stadt und die noch junge Universität samt ihrer Studenten sorgen für quirliges Leben inmitten eines Stadtbilds aus mittelalterlicher Architektur und modernen Neubauten.

Südtirol erlebte im Lauf der Geschichte viele Herrscher. Auf die Römer, die Grafen von Tirol, die Habsburger und Napoleon folgten nicht zuletzt die Nationalsozialisten und die faschistischen Machthaber Italiens. Bis 1992, als der neue Autonomiestatus für vollzogen erklärt wurde, war es ein entsprechend zerrissenes Land. Die Deutsch sprechende Minderheit rang um die Anerkennung und den Erhalt ihrer sprachlichen und kulturellen Eigenständigkeit, während es die in Südtirol angesiedelten Italiener schwer hatten, eine eigene Identität zu finden.

> Mildes Klima, fruchtbare Böden und herzliche Menschen

Mit dem wirtschaftlichen Aufschwung, der mit dem erfolgreichen Abschluss der Autonomieverhandlungen einhergegangen ist, haben sich allmählich auch die sozialen Spannungen gelöst. Die gut dotierte Autonomie ermöglicht gezielte finanzielle Förderungen und Investitionen in Kultur- und Bauprojekte, Naturschutz und Landwirtschaft. Die Arbeitslosenrate liegt seit Jahren um die Drei-Prozent-Marke, und der Wohlstand ist sichtbar.

Die Zufriedenheit der Bewohner Südtirols ist auch im täglichen Umgang mit ihnen spürbar, gerade Besucher aus dem Norden betonen die Herzlichkeit und Ausgeglichenheit der Menschen. Die beiden wichtigsten Landessprachen zu beherrschen ist für viele zur Selbstverständlichkeit geworden, italienische Kultur und Lebensart werden durchaus als Bereicherung verstanden. Vor allem in der Küche sind die kulturellen Grenzen längst aufgehoben: Tiroler Haus-

WAS WAR WANN?

Geschichtstabelle

8000 v. Chr. Fundstücke belegen Rastplätze mittelsteinzeitlicher Jäger

5000–3000 v. Chr. Die Gletschermumie „Ötzi" und andere Funde verweisen auf sesshafte Siedler

15 v. Chr. Römische Besetzung unter dem Feldherrn Drusus

13/14. Jh. Meran ist Hauptstadt der Grafschaft Tirol

14. Jh. Tirol geht an die Habsburger

1809–13 Die Volkserhebung unter Andreas Hofer gegen Napoleons Truppen wird niedergeschlagen

1918 Am Ende des Ersten Weltkriegs erhält Italien Südtirol als Kriegsbeute

1922–43 Faschisten an der Macht

1943–45 Deutsche Truppen besetzen Südtirol, bis im Mai 1945 die Alliierten einrücken

1946–61 Die Vereinbarungen zum Schutz der Minderheiten in Südtirol beim Pariser Abkommen werden von Italien nur zögerlich umgesetzt; es gibt Terroranschläge, Europarat und UNO werden angerufen

1972 Das neue Autonomiestatut räumt den Minderheiten in Südtirol weitgehende Sonderrechte ein

1992 Streitbeilegungserklärung Österreichs gegenüber Italien

2001 Der Name Südtirol wird von der italienischen Regierung offiziell zugelassen

2009 Die Dolomiten werden vom Unesco-Welterbekomitee in die Liste des Welterbes aufgenommen und damit als weltweit einzigartige Naturlandschaft eingestuft

mannskost mischt sich mit mediterranen Gerichten. Ob Knödel oder Lasagne, Apfelstrudel oder Tiramisu – Hauptsache, es schmeckt!

> *Schroffe Zacken über grünen Weiden und Wäldern*

Geschmack und Qualität sind auch die Faktoren, die für Produkte wie Speck, Äpfel, Milch und Käse gelten. Hier wird nicht auf die Menge, sondern auf das Plus Natur gesetzt: gehaltvolle Milch von Kühen, die auf Bergalmen weiden, Speck nach traditionellen Herstellungsverfahren, aromatisches, knackiges Obst aus Hügellagen.

Dem Weinbau, dessen Wurzeln bis in vorrömische Zeit zurückreichen, kommt das milde Klima in den Tälern besonders zugute: Der Alpenhauptkamm fängt das raue Wetter aus dem Norden ab, aus dem Süden ziehen warme Luftströme heran. Die fruchtbaren, mineralreichen Böden sorgen ebenfalls für gute Wachstumsbedingungen und Erträge der Apfelplantagen, die schachbrettartig die Talböden und deren Hänge überziehen.

Der Tourismus ist Südtirols wichtigstes Wirtschaftsstandbein. Sei es ein wärmender Tee im Becherhaus, der höchstgelegenen Schutzhütte Südtirols (3190 m), ein Wellness-Wochenende im exklusiven Vigilius Mountain Resort oder Urlaub auf dem Bauernhof in familiärem Ambiente abseits von Masse und Trubel – der Gast hat die Wahl.

Der Erfolg auf dem Tourismussektor ist aber nicht nur der guten Infrastruktur zu verdanken, sondern vor allem der einzigartigen Natur- und Kulturlandschaft Südtirols. In den letzten Jahren wird der Druck aus allen Lagern größer, in ihren Schutz zu investieren. Das sichert die Zukunft der bereits bestehenden sieben Naturparks und des Nationalparks Stilfser Joch. Im Südosten Südtirols liegt noch dazu eine Landschaft von unvergleichlichem Zauber: die bizarren Felsformationen und schroffen Zacken der Dolomiten, die 2009 von der Unesco zum Weltnaturerbe erklärt wurden. Sie sind die 200 Mio. Jahre alten Überreste einstiger Korallenriffe und weltbekannt: Die Namen Südtirol und Dolomiten – benannt nach dem französischen Forscher Déodat de Dolomieu – bleiben untrennbar miteinander verbunden.

Wer gerne zu Fuß unterwegs ist, findet – von der Schneeschmelze bis zum späten Herbst – ein dichtes Netz gut markierter Wege jeden Schwierigkeitsgrads, von den Promenaden an den Hängen um Meran bis hin zu Kletterrouten in den Dolomiten.

Trotz der offensichtlichen Modernisierungen hat sich das Land viel Ursprüngliches und unverfälscht Einheimisches bewahrt. Es gibt keine künstlich gebauten Retortenferienorte, sondern schöne, historische Dörfer. Um ihre Kirchen herum gruppieren sich noch die alten Dorfgasthäuser, die sich in ihrem Inneren oft als Tophotels entpuppen. Aber wie könnte es in Südtirol auch anders sein, im faszinierenden Land der Kontraste.

Italienische Lebensart in Merans Altstadt: Straßencafé in den „Lauben“

WAS IST ANGESAGT?

Trends, Entdeckungen und Hotspots. Unser Szene-Scout zeigt Ihnen, was in Südtirol los ist.

Vanda Kospic
studiert Business Management in Bozen. Sie hat bosnische Wurzeln und bereits in Spanien und Deutschland gelebt. Klar, dass sie sich in einer internationalen Stadt wohlfühlt. Abends ist sie viel in der Szene unterwegs, stets auf der Suche nach neuen In-Locations. Tagsüber genießt sie die kulturelle Vielfalt der Region oder fährt in die Berge – im Sommer zum Wandern, im Winter zum Skifahren.

MIMENSPIEL

Innovative Bühnen mit Verantwortung

Das Schauspiel zu fördern und zu erhalten, haben sich einige Südtiroler Theater zur Aufgabe gemacht. Sie geben unbekannten Stücken die Chance, aufgeführt zu werden. Ohne finanzielle Interessen arbeitet das *Stadttheater Bruneck*. Amateure spielen neben professionellen Schauspielern und bieten ein hochwertiges Programm mit vielen Eigenproduktionen *(Dantestr. 21, Bruneck, www.stadttheater.eu*, Foto*)*. Klassiker wie Goethe und Shakespeare müssen sich auch im *Theater Bozen* hinten anstellen, denn hier werden selbst geschriebene Stücke inszeniert *(Verdiplatz 40, Bozen, www.theater-bozen.it)*. Damit die ladinische Sprache im öffentlichen Leben nicht verschwindet, unterstüzt das Institut *Ladin Micurà de Rü* Theateraufführungen in der südtiroler Minderheitensprache *(www.micura.it)*.

KUNSTWANDEL

Von der Heiligenfigur zur zeitgenössischen Skulptur

Das traditionelle Südtiroler Bildhauerhandwerk bringt neue Kunstformen hervor. Der Grödner Künstler *Walter Pancheri* lernte ganz klassisch Holzbildhauer, seine Werke schmücken z. B. Kirchen. Heute erstellt er profane Kunst, die die Veränderung und Evolution des Menschen zeigt *(Snetonstr. 15, St. Ulrich, www.pancheri.net)*. Riesen aus Eis zieren jedes Jahr ab Januar die Städte Innichen und St. Vigil. Beim *Internationalen Schneeskulpturenfestival* messen sich Schüler regionaler Kunsthochschulen mit Bildhauern aus Holland, Deutschland und Spanien. In nur drei Tagen erschaffen sie z. B. überlebensgroße Eishockeyspieler oder abstrakte Skulpturen. Je nach Witterung können Sie die Werke, die nachts beleuchtet werden, bis ins Frühjahr hinein bewundern *(www.snow-festival.com,* Foto*)*.

KITEBOARDING

Der Hotspot für den Trendsport

Der Reschensee im Vinschgau ist wegen seiner hervorragenden Windverhältnisse das Eldorado der Kiteboarderszene. Gezogen von Drachen flitzen Kiter mit dem Board an den Füßen über den See; wer mutig ist, fährt vorbei am halb versunkenen Kirchturm von Alt-Graun. Infos zum Revier gibt's beim *Adrenalina Kitesurfclub Reschensee (Hauptstr. 61, St. Valentin, www.adrenalinakitesurfclub.com,* Foto*)*. Wie Board und Kite kontrolliert werden, zeigt ein Kurs bei Hans-Werner Siess *(www.tirolkite.com)* oder Michael Stanglmeier *(www.proboarder.eu)*. Damit der Sport nicht saisonal begrenzt ist, steigt der Kiter im Winter auf das Snowboard um und lässt sich beim Snowkiten mit Highspeed übers Eis ziehen *(www.kite-on-snow.de)*. Am Abend tauschen die Sportler Tipps und Tricks im Szenetreff *Pub Laret* aus *(Hauptstr. 42, St. Valentin, www.hotel-stocker.com)*.

LIVEMUSIK

Mittendrin statt nur dabei

Südtiroler Musikfans wollen ihre Bands auf Festivals live erleben. Das *Steinegg-rockt-Festival*, das in den ersten beiden Monaten jedes Jahr stattfindet, hat bereits Kultstatus *(www.myspace.com/steineggrockt)*. Livemusik, Alpenkulisse und Festivalflair verbinden die musikalischen Events auf der *Gompm Alm*, wo für jeden Musikgeschmack etwas geboten ist *(Obertall 19, Schenna, www.gompmalm.it)*. Einen Überblick über die Südtiroler Rockmusikszene liefert immer im Juli das *Rock-im-Ring-Festival (Arena Ritten, www.rockimring.it,* Foto*)*. In der festivalfreien Zeit hauen Nachwuchsbands im Kulturzentrum *UFO* in die Saiten *(Josef-Ferrari-Str. 20, Bruneck, www.ufobruneck.it)*.

RODELEI

Schnee und Schlitten gut

Der gute alte Schlitten erlebt ein Revival. Kindheitserinnerungen mischen sich mit Adrenalin, wenn es in rauschendem Tempo den Berg hinab geht. Ein besonderes Schmankerl für alle Rodelfans ist die *Rodelbahn Speikboden-Luttach* im Tauferer Ahrntal. Unglaubliche 8 km führt die Strecke von der Bergstation Speikboden aus 1000 m in die Tiefe *(www.tauferer.ahrntal.com,* Foto*)*. Entspannter bei der Abfahrt, aber mit gut eineinhalb Stunden Aufstieg präsentiert sich die *Rodelbahn Taistner Alm* am Kronplatz. Vom *Mudlerhof (Mudlerhof 45, Taisten)* aus führt eine Wanderung zur Taistner Alm. Für den Rückweg nehmen Sie auf dem Schlitten Platz und rodeln ins Tal *(www.kronplatz.com)*. Noch gemütlicher ist es im Martelltal. Nach einer Stärkung im *Café Hölderle* ist eine 2,5 km lange Abfahrt auch für Ungeübte möglich. Im Café werden Schlitten verliehen und auf Wunsch die Beleuchtungsanlage eingeschaltet *(Hintermartell 17, Tel. 0473/74 46 42)*.

GAUMENFREUDEN

Besondere Spezialitäten

Südtirols Chefköche schauen über den Tellerrand hinaus und kombinieren ihre traditionellen Gerichte mit frischen Ideen. Im *Restaurant Leuchtturm* in Sand in Taufers wählen Sie z. B. Kalbssteak in der Bergheu-Salzkruste gegart mit geschmortem Ochsenschwanz *(Bayergasse 12, www.restaurant-leuchtturm.com,* Foto*)*. Nach einem Pächterwechsel im *Zum Hirschen* orientiert sich das Gasthaus neu und bietet außergewöhnliche Fischgerichte an *(Nalserstr. 22, Vilpian, www.zumhirschen.net)*. Sushi und Wokgemüse, Antipasti und Pasta, Fleisch vom Grill und Seafood serviert Ihnen in einem über 700 Jahre alten Gewölbe das Restaurant *Hermans* in Bruneck *(Oberragen 13, Bruneck, www.herman-s.com)*.

PARTYLAUNE

Schicke Locations zum Abfeiern

Designerlebnisse erwarten Sie am Abend! In dem neuen, von Boris Podrecca gestalteten Club *Grifoncino* fügen sich rote Polstermöbel zu blanken Oberflächen und altem Gewölbe, die Theke besteht aus leeren Flaschen im Glaskasten *(Waltherplatz, Eingang Raingasse 28, Bozen, www.grifoncino.it,* Foto*)*. Das *Pukanaka* vereint Designermöbel, futuristische Räume und Retrolook *(Kapuzinerplatz 1, Bruneck, www.pukanaka.net)*, während der *Club Max* auf ein Gesamtkonzept aus Design, verschiedenen Areas und Stimmung setzt *(Fischzuchtweg 30, Brixen, www.clubmax.it)*.

SCHICKE ACCESSOIRES

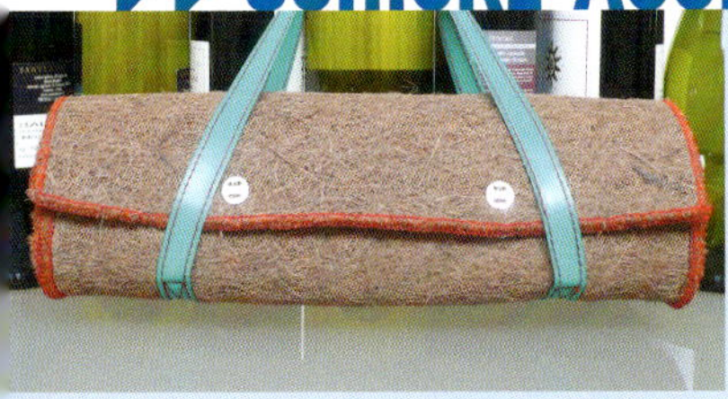

Nobelshopping in Bozen

In Sachen Mode ist die Nähe Südtirols zu Mailand deutlich spürbar. Stehen Sie auf außergewöhnliche Accessoires? Dann ist die Bozenerin Sylvia Pichler die richtige Frau für Sie. Unter ihrem Label *Zilla* vertreibt sie Taschen, die sie aus Wischmops, Luftfiltern und Co. hergestellt hat. Mit ihren Einzelstücken hat sie es zu internationalem Ansehen und in Hochglanzmagazine geschafft *(Edisonstr. 15, www.zilla.it,* Foto*)*. Auf der Suche nach noblen Marken und neuesten Trends besuchen Sie die beiden *Bruschi*-Läden in Bozen *(Museumsstr. 13 und Leonardo-da-Vinci-Str. 4c)*.

> VON DER DREISPRACHIGKEIT BIS ZUM „ÖTZI"

Wissenswertes zu aktuellen Themen und Besonderheiten im Land des neuen Weins und der alten Traditionen

AUTONOMIE

Die Autonome Provinz Bozen-Südtirol hat innerhalb der Provinzen Italiens einen Sonderstatus: Das 1972 inkraftgetretene Autonomiestatut enthält konkrete Schutzmaßnahmen für die deutsch- und ladinischsprachige Minderheit. Dazu zählt der „ethnische Proporz", nach dem unter anderem Arbeitsplätze im öffentlichen Dienst, Kindergartenplätze oder auch Sozialwohnungen im Verhältnis zur zahlenmäßigen Stärke der jeweiligen Volksgruppe vergeben werden.

Außerdem ist die deutsche Sprache vor Gericht und in der Verwaltung der italienischen gleichgestellt, und Anwärter für die Aufnahme in den öffentlichen Dienst kommen um den Zweisprachigkeitsnachweis („Patentino") nicht herum.

Durch den Status der Autonomie wurden der Provinz eine deutsche

STICH WORTE

und eine ladinische Schule, Rundfunk und Fernsehen in der Sprache der Minderheiten sowie wesentliche Gesetzgebungs- und Verwaltungsbefugnisse mit adäquater finanzieller Ausstattung bewilligt: Ein Großteil der in Südtirol an den Staat bezahlten Steuern fließt auf diese Weise wieder in die Landeskassen zurück. Bozen und die benachbarte Provinz Trient bilden zusammen die Region Trentino-Südtirol.

BRENNERBASIS-TUNNEL

Der Güterverkehr über den Brennerpass hat sich in den letzten 20 Jahren fast verdoppelt, mit weiter steigender Tendenz. Um die Umwelt zu entlasten, gab es im Jahr 2002 erste Überlegungen zu einer ökologisch sinnvollen Dauerlösung des Problems. 2004 einigten sich Österreich und Italien auf den Bau des Brennerbasistunnels. Das Projekt sieht die Verlagerung des Personen- und Gütertransports im Grenzgebiet der Staaten vor: auf 64 km Schienen, die im längsten Eisenbahntunnel der Welt unter dem Brenner durchführen sollen. Ein internationales Konsortium hat mit dem Bau eines Probetunnels begonnen, die EU hat Fördermittel zugesichert. Eine nicht sehr starke, aber laute Opposition um die Grünen stellt den Sinn des Projekts infrage.

DREI SPRACHEN

Südtirol ist ein dreisprachiges Land. Von seinen ca. 490000 Ew. sind 69 Prozent deutscher, 26 Prozent italienischer und 4 Prozent ladinischer Muttersprache. Das Ladinische wird in einzelnen Dolomitentälern mit den entsprechenden lokalen Einfärbungen noch von rund 40000 Personen gesprochen, davon leben 18400 in Südtirol – vor allem in Gröden und im Gadertal. Die Italiener residieren vorwiegend in Städten wie Bozen, Meran oder Leifers. In Bozen stellen sie mit einem Bevölkerungsanteil von 69 Prozent auch den Bürgermeister. Deutsch und Italienisch sind in der Amtssprache gleichgestellt. Sonderregelungen der Autonomie schützen auch die ladinische Sprache und Kultur. Der Ausländeranteil liegt in Südtirol bei 8 Prozent.

FOLKLORE UND BRAUCHTUM

Das soziale Leben der Bergbevölkerung wird heute noch von jahrhundertealten Bräuchen gefärbt. Ob es den religiösen Jahreskreislauf begleitet oder bei Dorffesten den arbeitsreichen Alltag vergessen lässt – das Brauchtum ist aus dem Landleben nicht wegzudenken.

Schon in frühen Dorfgemeinschaften, die gemeinsame Interessen verfolgten, entstanden Vereine und Verbände, die noch immer Bestand haben: Musikkapellen, die freiwillige Feuerwehr, Volkstanzvereine, Chöre, Volkstheatergruppen sowie die Schützenvereine. Letztere blicken auf ein fast 500-jähriges Bestehen zurück und marschieren bei festlichen Anlässen in Tracht auf: mit federbestücktem Hut, Kniebundhosen, weißen Kniestrümpfen und Halbschuhen mit Schnalle.

LANDWIRTSCHAFT

Die Landwirtschaft ist der älteste Erwerbszweig Südtirols und prägt die Landschaft seit Jahrhunderten – von der fruchtbaren Tal- bis in die karge Almregion. Es gibt insgesamt 1733 Almen, die meisten sind in Privatbesitz. Es sind harte Bedingungen, unter denen dort gewirtschaftet wird, denn die Bergbauern müssen mit der Landwirtschaft und Viehhaltung in schwierigem Gelände kämpfen. Um der zunehmenden Abwanderung vorzubeugen und die Qualität der Milch- und Fleischproduktion zu erhalten, gibt es Unterstützung von der EU und der Provinzregierung: für die Erschließung der Berggebiete, für umweltgerechte Produktion und durch die Schaffung von Arbeitsplätzen für Nebenerwerbsbauern. Leichter haben es im Vergleich dazu die

Kollegen im Obst- und Weinbau in den Tallagen. Auch wenn diese Anbaugebiete flächenmäßig einen viel kleineren Teil der Landwirtschaft ausmachen, sind sie sehr ertragreich: Rund 923 000 t Äpfel und Birnen sowie rund 400 000 hl Wein werden in Südtirol pro Jahr produziert.

Takla Makan sowie Grönland der Länge nach durchquert und als Grenzgänger immer wieder Tabus gebrochen. In seinem Heimatland selbst setzt sich Messner für den Schutz der Berggebiete ein und fordert einen neuen Tourismus im Alpenraum. Er selbst betreibt neben

Blaskapellen und bunte Trachten: Brauchtumsfeste sind Bestandteil bergdörflichen Lebens

REINHOLD MESSNER

Der charismatische Bergsteiger, Abenteurer und Buchautor Reinhold Messner ist wohl der bekannteste Südtiroler weltweit. Rund 3500-mal ist er in die Berge aufgebrochen, hat etwa 100 Erstbesteigungen bewältigt, alle 14 Achttausender erklommen, zu Fuß die Antarktis, Tibet, die Wüste

mehreren Museen u.a. einen Bio-Bauernhof und sieht Chancen für die Erhaltung des Ökosystems nur im respektvollen Umgang mit der Natur. Der Alpentourismus sei für viele Einheimische Existenzgrundlage, sagt Messner, und „Nachhaltigkeit“ das Zauberwort: „Wenn touristische Unternehmen darauf ausgerichtet sind, auch in vielen Jahrzehnten noch am selben Ort tätig zu sein, kommen automatisch auch ökologische Aspekte in Betracht. Man ist ja geradezu dumm, wenn man die Grundlage seines Geschäfts zerstört."

NATURPARKS

Das flächenmäßig kleine Südtirol kann nicht nur mit dem Nationalpark Stilfser Joch aufwarten, sondern auch mit gleich sieben Naturparks. Die einzelnen Parks sind so verschieden wie das Land: Gletscher prägen zum Beispiel den Naturpark Rieserferner-Ahrn, während der Naturpark Trudner Horn besonders artenreich an Flora und Fauna ist. Zum Grundkonzept gehört es, nicht nur schützenswerte Arten zu erhalten, sondern auch das Wissen um die Besonderheiten der Umwelt in diesen Regionen an die Gäste weiterzugeben. Diese Aufgabe übernehmen die Naturparkhäuser vor Ort, die so gut ausgestattet sind wie Museen. Viele der Stützpunkte koordinieren geführte Naturparkwanderungen, die auch über die lokalen Tourismusbüros gebucht werden können. Amt für Naturparke: *www.provinz.bz.it/natur/2803*

ÖTZI

Zunächst eine archäologische Sensation, dann ein (Massen-)Phänomen: Die Gletschermumie „Ötzi", die 1991 auf dem Similaun-Gletscher in den Ötztaler Alpen gefunden wurde, hat vieles verändert – für die Forschung, für Bozen und für den Tourismus. Ihr Einzug in das Archäologiemuseum in Bozen 1998 gab auch Südtirols Museumslandschaft einen neuen Schub. Rund um den Gletschermann und jene Dinge, die er auf seiner letzten Reise bei sich hatte, ist eine vorbildliche Ausstellung nach modernsten Kriterien entstanden, die neue Maßstäbe für Ausstattung und Museumspädagogik setzte. Südtirol ist nicht zuletzt auch wegen dieses gut konservierten Menschen aus der Kupferzeit – er lebte rund 3000 Jahre v. Chr. – ein Reiseziel für Toristen aus aller Welt geworden. Nie zuvor waren beispielsweise so viele Amerikaner und Japaner in der Stadt, die auf ihrem Weg nach Venedig oder Rom auch dem „Iceman" einen Besuch abstatten möchten.

> VINSCHGER BAHN

Fahrradtour mit jeder Menge moderner Zugkraft

★ Im Mai 2005 wurde die „alte" Vinschger Bahn von Meran nach Mals wieder eröffnet. Von 1906 bis zu ihrer Einstellung 1989 hatte sie zum wirtschaftlichen Aufschwung des Tals beigetragen. 1999 übernahm das Land die Anlage, heute – nach der Renovierung – befördern moderne Züge Einheimische und Urlauber. Mit der *Eventcard (14 Euro | Tel. 04 73 20 15 00)* können Sie einen ganzen Tag in beide Richtungen fahren, inklusive Leihfahrrad samt Ausrüstung. An den Bahnhöfen in Meran, Latsch, Mals, Naturns, Spondinig und Schlanders stehen insgesamt 400 Mountainbikes, 100 Citybikes und 100 Kinderfahrräder zum Verleih bereit. *Fahrplanauskunft: Tel. 800 84 60 47 (kostenfrei)* | *www.vinschgerbahn.it*

TÖRGGELEN

Die Geburtsstunde des „Törggelens" liegt mindestens so lange zurück, wie es zur Tradition wurde, im Herbst den neuen Wein im Kreis der Erntehelfer und Nachbarn zu kosten. Dazu wurde meist der Raum genutzt, in dem die „Torggl", die Traubenpresse, stand. Ursprünglich gab es den Brauch vor allem im Eisacktal und in der Bozner Gegend. Heute ist das „Törggelen" weit über Südtirol hinaus bekannt und wird auch von Gasthöfen angeboten, die kein eigenes Weingut haben. Im Mittelpunkt steht nach wie vor der neue Wein, zu dem gebratene Kastanien oder würziger Käse, Speck und Würste mit Schüttelbrot gereicht werden. Aktuelle „Törggelen"-Adressen vermitteln die Tourismusverbände.

TOURISMUS

Südtirol ist in den letzten Jahren auch für Touristen aus Italien und anderen Ländern attraktiv geworden. Die Gesamtanzahl der Ankünfte und Übernachtungen aus Deutschland aber stagniert bzw. ist leicht rückläufig. Gründe dafür könnten die nicht so rosigen Wirtschaftsdaten der Bundesrepublik in den letzten Jahren und die allgemeine Zurückhaltung beim Buchen des Urlaubs sein.

Die Südtirol Marketing Gesellschaft (SMG) soll Südtirol als Reiseland positionieren. Seitdem heißt es, das auflagenstärkste Buch des Landes sei der Katalog der SMG. Unter dem Titel „Magie der Vielfalt" suggeriert er ein Südtirolbild, das es so nicht eins zu eins gibt: multikulturell, konfliktfrei, naturverbunden, dabei modern und mobil, mediterran und hochalpin. Probleme wie Zersiedelung, Verkehr, latente ethnische Konflikte und die wachsende Konkurrenz auf dem Arbeitsmarkt werden ausgespart. Die Urlauber sollen im Genussland Südtirol, verwöhnt von Spitzenköchen und Top-Winzern, keinen Problemen begegnen, die sie schon von zu Hause kennen.

Im Archäologiemuseum in Bozen erwacht „Ötzi" zu neuem Leben

SPECKFEST UND SCHEIBENSCHLAGEN

Von Käsemarkt bis Kirchtag – in Südtirol wird gern und zu jeder Gelegenheit gefeiert

OFFIZIELLE FEIERTAGE

1. Jan. *Neujahr;* **6. Jan.** *Heilige Drei Könige;* **Ostermontag; 25. April** *Jahrestag der Befreiung vom Faschismus;* **1. Mai** *Tag der Arbeit;* **2. Juni** *Tag der Republik;* **15. Aug.** *Mariä Himmelfahrt;* **1. Nov.** *Allerheiligen;* **8. Dez.** *Mariä Empfängnis;* **25./26. Dez.** *Weihnachten*
Am Pfingstmontag sind in Südtirol Ämter und Geschäfte geschlossen.

FESTE UND VERANSTALTUNGEN

Februar

Erster Sonntag nach Aschermittwoch: *Scheibenschlagen* im Obervinschgau

März

Zweites Wochenende im März: Beim *Internationalen Käsemarkt* in Sand in Taufers stellen sich auch Südtiroler Produkte dem Vergleich.
Ende März: Mit *Südtirol Gardenissima* findet in Gröden zum Ende der Skisaison das längste Riesentorlaufrennen der Welt statt. *www.gardenissima.eu*

Mai

Am 30. April und 1. Mai gehört der Waltherplatz mit den umliegenden Gassen dem *Bozner Blumenmarkt.*
Mitte Mai: Bei der *Weinkost* in Bozen werden die neuen Jahrgänge vorgestellt. Insider Tipp *www.weinkost.it*
Mitte Mai–Mitte Juni: Die *Südtiroler Weinstraßenwochen Vino in festa* bieten viele Weinveranstaltungen und die „Nacht der Keller". *www.suedtiroler-weinstrasse.com*
Ende Mai/Mitte Juni: Beim Reiterturnierspiel *Oswald-von-Wolkenstein-Ritt* prüfen rund um Kastelruth, Völs und Seis Mannschaften in historischer Tracht ihre Geschicklichkeit auf Pferden. *www.ovw-ritt.com*

Juni

27. Juni: Beim *Sella Ronda Bike Day* gehören die Passstraßen um das Sella-Massiv ganz den Radfahrern. *www.sellarondabikeday.com*
Am letzten Juniwochenende ist großes *Erdbeerfest* im Martelltal.

Aktuelle Events weltweit auf www.marcopolo.de/events

>EVENTS FESTE & MEHR

Juli

Anfang Juli: *Oldtimertreffen* in Schenna mit Rundfahrten und Kulturevents. Zeitgleich findet der *Maratona dles Dolomites*, das größte Radrennen Südtirols (von Stern bis Corvara), statt. www.maratona-dolomites.com

In der 30. Kalenderwoche erklingt im Dreiländergebiet im Westen Südtirols beim *Xong-Festival* Wirtshausmusik aus der ganzen Welt. www.xong.net

Mitte Juli–Mitte/Ende August gibt es in Toblach die *Gustav Mahler Musikwochen* und jeden Dienstagabend in Sand in Taufers die *Tauferer Straßenküche*.

August

Erstes Wochenende: 600 Teilnehmer zeigen sich abwechselnd in St. Ulrich, St. Christina oder Wolkenstein beim Festumzug *Gröden in Tracht*. Insider Tipp

10. Aug.: Die *Lorenzi-Nacht* gehört in Bozen dem Wein und den Weinbauern.

Ende August–Ende September: Die *Meraner Musikwochen* sind ein bedeutendes Festival für klassische Musik.

September

Anfang September: Bei den *Kalterer Weintagen* präsentieren über 30 Weinbaubetriebe ihre Produkte.

Erster Samstag im September: *Radtag* am Stilfser Joch. www.stelviobike.com

Erstes Wochenende (Sa–Mo): *Sarner Kirchtag* mit Vieh- und Krämermarkt.

Ende September: Der *Große Preis von Meran* ist eines der größten Pferderennen Europas.

Oktober

25.–27. Okt.: *Stegener Markt* in Bruneck

Drittes Wochenende im Oktober: *Traubenfest* in Meran.

Dezember

5. Dez.: In Mals, Sterzing, Klausen, Schlanders oder Gröden finden ausgelassene *Nikolausumzüge* statt. Insider Tipp

Die *Christkindlmärkte* bezaubern in Bozen, Brixen, Meran, Glurns und Bruneck.

Der *Internationale Silvesterlauf Boclassic* führt auf einem Rundkurs durch Bozens Gassen.

> PASTA TRIFFT KNÖDEL

In der Südtiroler Küche geht herzhaft Bodenständiges eine leckere Liaison mit italienischer Leichtigkeit ein

> Wo sonst finden sich auf den Speisekarten so selbstverständlich Pasta und Knödel nebeneinander wie in Südtirol? Hier verschmilzt die leichte italienische mit der herzhaften, bodenständigen Tiroler Küche aufs Bekömmlichste.

Die Basis der traditionellen Kochkunst ist die seit Jahrhunderten von den Bauern bewirtschaftete Landschaft. Einflüsse aus den benachbarten Ländern – wie die italienische Küche mit ihrer reichen Vorspeisenauswahl sowie die Wiener Küche der Monarchiezeit – haben im Lauf der Jahre dazu beigetragen, dass nun besonders vielseitig und abwechslungsreich gekocht wird.

Im Reich der Vorspeisen herrschen Suppen mit den verschiedensten Zutaten und Einlagen: Knödel mit Speck, Leberknödel, „schwarzplentene" Knödel (aus Buchweizen), Grießnocken oder Frittaten (in Streifen geschnittene Pfannkuchen). Und ne-

Bild: Laubengasse in Brixen

ESSEN & TRINKEN

ben den unzähligen Risotto- und Nudelvariationen der italienischen Küche sind die Schlutzkrapfen eine beliebte Tiroler Vorspeisenspezialität.

Als traditionelles Hauptgericht kommt das Fleisch vom Hausschwein auf den Tisch – frisch, geselcht (geräuchert), gepökelt oder als gesottene Wurst mit Beilagen wie Knödel mit Speck, Käse, Spinat oder Pilzen, Kartoffeln und Kraut. In Berggasthäusern gibt es im Herbst auch gern „Schöpsernes“: Der Hammelbraten vom Jungschaf wird im Backofen zubereitet. Unendlich scheint die Vielfalt der Süßspeisen, gerade hier wird der Einfluss der Wiener Küche deutlich: Es gibt Marillen- oder Zwetschgenknödel, Apfelstrudel und Kaiserschmarren neben italienischen Klassikern wie Tiramisu oder Panna cotta (ein kaltes Sahnedessert, oft mit Früchten garniert). Und auf einem Kirchtag, dem traditionellen Kirchweihfest, dürfen die gebackenen, köstlich duftenden Strauben nicht fehlen.

Üblicherweise werden in Hotels, Gasthäusern und Restaurants mittags und abends warme Gerichte serviert. Als Zugeständnis an die Wander- und Radtouristen gibt es in vielen Ausflugsgasthäusern mittlerweile durchgehend warme Küche. Beachtens- und probierenswert sind dort auch die kalten Platten und die Vielfalt an Käsespezialitäten. Selbst wenn das Markenprodukt aus Südtirol schlechthin – der Speck – meist von gewerblichen Betrieben produziert

> SPEZIALITÄTEN

Genießen Sie die typische Südtiroler Küche!

Gerstsuppe – Suppe aus Gerste, Gemüse und geräuchertem Fleisch

Graukäse – vor allem im Tauferer Ahrntal: Käse praktisch ohne Fett, wird mit rohen Zwiebeln, Essig, Pfeffer und Öl angerichtet

Hauswurst – frische Schweinewurst. Sie wird im Herbst gesotten und mit Sauerkraut als Beilage gegessen oder ist Bestandteil von Schlachtplatten

Kaminwurzen – die leicht geräucherte, harte Rohwurst schmeckt sehr würzig

Knödel – die gekochten Klöße gibt es als Suppeneinlage, Beilage zu Braten oder zu Salat (Foto)

Krapfen – die gebackenen Teigflecken sind rauten- oder halbmondförmig und mit Mohn, Birnenmus, Preiselbeeren, Anis, Zucker oder Ähnlichem gefüllt

Milzschnittensuppe – gebackene Schnitten aus Kalbsmilz, Semmeln und Gewürzen in einer Fleischbrühe

Polenta (auch Plent) – der Maisbrei, traditionell in einem Kupferkessel gekocht, passt als Beilage zu Pilzen, Braten und Gulasch

Schlutzkrapfen – die halbmondförmigen Teigtaschen sind meist mit Spinat gefüllt und werden mit etwas brauner Butter und Parmesan angerichtet

Schüttelbrot – der dünnflüssige Brotteig aus Roggenmehl wird nicht gewalkt, sondern auf einem runden Brett geschüttelt. Die dünnen, knusprigen Fladenbrote sind lange haltbar

Schwarzplent – Buchweizen. Das Mehl hat einen nussartigen Geschmack und wird meist zu Kuchen oder Knödeln verarbeitet

Strauben – goldgelb gebackene, schneckenförmige Süßspeise

Tirtlan – die runden, mit Sauerkraut, Quark, Spinat oder Süßem gefüllten Teigtaschen werden in Schmalz ausgebacken

Zelten – das Früchtebrot (u.a. aus Rosinen, Datteln, getrockneten Feigen, Birnen, Walnüssen, Pinienkernen, Roggenmehl, Zimt und Nelken) ist eine Spezialität zur Weihnachtszeit

wird, zählt es für viele Bauern zur Tradition, eigenen Speck herzustellen. Er ist ein wichtiger Bestandteil der Brettljause (Brotzeit, auch Marende genannt), bei der Kaminwurzen (geräucherte Würste) und ein typischer Almkäse, wie beispielsweise im Pustertal der würzige und intensiv riechende Graukäse, nicht fehlen sollten. Passend dazu werden – als Beispiele der großen Brotvielfalt – die Vinschger Paarlen (Fladenbrötchen aus Roggenmehl, paarweise gebacken) oder das flache, harte Schüttelbrot gereicht.

Aus dem italienischen Lebensstil nicht wegzudenken ist der Kaffee, serviert als Espresso, Macchiato oder Cappuccino (zum Frühstück). Lust auf Getränke ganz anderer Art macht die reizvolle Reblandschaft Südtirols, deren Weine durch Sortenreichtum und einen persönlichen Charakter bestechen, der auf den unterschiedlichen Anbaugebieten und -methoden gründet. Entlang der Südtiroler Weinstraße und im Eisacktal wird am intensivsten Weinbau betrieben.

Bei den Rotweinen bildet die Vernatschtraube die Grundlage für den St. Magdalener, den Kalterer, Meraner, Bozner Leiten oder Südtiroler Vernatsch. Der Kalterer oder Kalterer See ist sicherlich der bekannteste unter Südtirols Weinen. Als lokale Spezialität wird in den Tallagen bei Bozen (besonders in Gries) der dunkle, kräftige Lagrein angebaut. In klimatisch begünstigten Hügellagen liefern Blauburgunder, Merlot und Cabernet hervorragende Qualitätsweine.

Bei den Weißweinen sind der Weißburgunder und der Chardonnay die wichtigsten Sorten, gefolgt von Gewürztraminer, Ruländer, Rheinriesling, Silvaner, Müller-Thurgau, Welschriesling, Sauvignon, Veltliner und Goldmuskateller. Ein Südtiroler Wein wurde übrigens zum besten Italiens ausgezeichnet: der Terminum (Süßwein). Außerdem stellen einige Betriebe hochwertigen Sekt nach der klassischen Methode mit Flaschengärung her.

Landestypisch: schöne Gasthausschilder

Die üblichen Essenszeiten für warme Gerichte sind 12–14 und 19–21 Uhr. In der Hauptsaison, vor allem während der Mittsommerfeiertage oder den Weihnachtsferien, legen die Lokale kaum Ruhetage ein, oft aber außerhalb der Saison (die je nach Gebiet auf unterschiedliche Zeiten fällt). Große Trinkgelder sind nicht üblich, über eine kleine Aufrundung freut sich aber jede Bedienung. Der früher obligate Zuschlag für Brot und Gedeck wird nur noch selten berechnet. Harte Zeiten haben seit mittlerweile fünf Jahren Raucher: Wer in Bars oder Restaurants ohne Raucherzone zur Zigarette greift, muss mit einer hohen Geldstrafe rechnen.

MARKENSPECK UND FEDERKIELE

Ob für den Magen oder die Vitrine, stets findet sich typisch Südtirolerisches als Mitbringsel

ACCESSOIRES

Vor allem in den Städten schießen die Geschäfte mit Einrichtungsideen, Wohnaccessoires und kunstvoll gestalteten Alltagsgegenständen wie Pilze aus dem Boden. Tiroler Kunsthandwerk hat dabei schon eine lange Tradition, aber neu sind viele kleine Läden mit Tonwaren, Lampen, schmiedeeisernen Kunstwerken und mehr, die vor allem in den Altstadtzentren zu finden sind.

Für Sammler und Schnäppchenjäger: Jeden ersten Samstag im Monat (ausgenommen Juli, August und die Wintermonate) ist Flohmarkt an der Bozner Wassermauerpromenade und jeden letzten Samstag im Monat auf der Winterpromenade von Meran.

DELIKATESSEN

Der Hauptdarsteller der Tiroler Kost, der Speck, tritt in unterschiedlicher Qualität auf. Es empfiehlt sich der „ggA Südtiroler Markenspeck“, erkennbar am Symbol des grünen Hosenträgersteges und der Brandmarkierung auf der Schwarte (ggA = geschützte geografische Angabe). Ein gutes Mitbringsel aus dem Rebenland Südtirol sind auch Qualitätsweine (Q b. A. = Qualitätsweine bestimmter Anbaugebiete) der D.O.C.-Norm (Denominazione di Origine Controllata). Unter Südtirols Rebsorten ist die Vernatschtraube mit 52 Prozent der „Spitzenreiter“. Die verschiedenen Spielarten dieser Traubensorte geben die Basis für Weine wie den St. Magdalener, den Kalterer oder den Südtiroler Vernatsch. Bei den Weißweinen sind der Weißburgunder und der Chardonnay die wichtigsten Sorten. Fachgeschäfte, Kellereigenossenschaften und Winzer beraten kompetent.

HANDARBEITEN

Einen Überblick über heimische Handarbeiten aus Holz, Keramik und Stoff, über Textilien und über Mode- und Trachtenschmuck bekommt man in der Ausstellung in den *Südtiroler Werkstätten (Merkantilgebäude, Lauben 39)* in Bozen. Vor allem von den Bewohnern der Täler wird die traditionelle Handwerkskunst ge-

> EINKAUFEN

pflegt. Grödens Holzschnitzer zum Beispiel genießen Weltruf, seit rund 350 Jahren schnitzen sie aus Zirbelholz Skulpturen, Krippen, Kruzifixe und Spielzeug – die Auswahl der Arbeiten, die zum Verkauf stehen, ist grenzenlos.

Im Sarntal gibt es außerdem noch die Federkielsticker, die Trachtengürtel, Hosenträger und Kleinlederwaren verzieren. Eine teure und seltene Kostbarkeit ist das Sarner Essbesteck: Die Holzgriffe sind mit Messing, Kupfer und Eisen eingelegt. Und der Urahn aller Trachtenjanker und Walker ist der „Sarnerjangger" aus handgesponnener, naturbrauner Wolle. Adressen der Handwerker vermittelt das *Tourismusbüro in Sarnthein (Europastr. 15 | Tel. 04 71 62 30 91 | Fax 04 71 62 23 50 | www.sarntal.com)*.

MÄRKTE

Frisches Obst und Gemüse, Säfte, Honig, Eier, Wurst und Kräuter – auf den Bauernmärkten gibt's die herrlichsten Produkte der Südtiroler Landwirtschaft. Und auf den Wochenmärkten (freitags in Meran in Bahnhofsnähe, samstags in Bozen westlich der Talferbrücke) reihen sich die Stände aneinander, im Angebot sind Raritäten wie *lampascioni* (Wildzwiebeln) und *puntarelle* (Triebe einer Blattgemüseart), in Öl oder Salzlauge Eingelegtes und viele, viele Käsesorten.

MODE & SPORT

Die Modeläden und Markenboutiquen in den Fußgängerzonen und Laubengassen von Bozen, Meran und Brixen haben durch ihre Lage in historischen Häusern der Altstadt ein ganz besonderes Flair. Auch ist die Nähe der italienischen Modemetropolen zu spüren: Ob Taschen, Schuhe, pfiffige Schnitte, Stoffe und Marken – Gucci, Armani & Co. geben den Ton an.

Bruneck ist die Stadt der sportlich-alpinen Mode. Viele Dörfer und Städte haben Einkaufsabende eingeführt, in denen die Geschäfte länger geöffnet halten und Unterhaltungsprogramme (Musik) und kulinarische Angebote (an Ständen) geboten werden.

> GRÜNES TAL UNTER EISIGEN GIPFELN

Die markanten Gegensätze von Natur, Land und Leuten verleihen dem Vinschgau seine spannende Vielfalt

> **Das regenarme Hochtal zwischen Meran und dem Reschenpass hat viele Gesichter: Gletscher, einsame Bergbauernhöfe, Wald und Bergwiesen auf der Schattenseite.** Gegenüber, am Sonnenberg, liegen trockene, karge Steilhänge mit fast mediterraner Pflanzenwelt, in den tieferen Lagen Weinberge und Kastanienhaine. Und mittendrin Schlösser, Burgen und Orte mit lebhaften Einkaufs- und Flanierstraßen, wie etwa in Schlanders. Im Winter wirbt der Skiverbund „Ortler Skiarena" mit einem Skipass für 15 schneesichere und kaum überlaufene Skigebiete. Eine Vielzahl wertvoller Bauten stellt einen kunsthistorischen Schatz von europaweiter Bedeutung dar.

LATSCH

[119 D4] **In der fruchtbaren Talsohle des mittleren Vinschgaus liegt die Marktgemeinde Latsch (5050 Ew.).** Sie bildet mit

Bild: Schloss in Kastellbell

VINSCHGAU

den Orten Goldrain, Morter und Tarsch ein Erholungsgebiet, das dank seiner zentralen Lage am Eingang des Martelltals idealer Ausgangspunkt für Wanderungen ist. Eine Seilbahn verkürzt die Aufstiege zu den umliegenden hohen Bergen.

SEHENSWERTES

SPITALKIRCHE ZUM HL. GEIST ★

Neben dem Seniorenzentrum „Annaheim" steht die gotische Kirche zum Hl. Geist mit einem wertvollen Flügelaltar von Jörg Lederer, entstanden um 1520. *Schlüssel im „Annaheim" | Eintritt 0,50 Euro | Hauptstr. 2 | Ostern–Allerheiligen Mo 15.30 Uhr, Pfingsten u. Ostern Sa 10 Uhr Führung | Treff: Tourismusbüro Latsch*

ESSEN & TRINKEN

BIERKELLER

Insider Tipp

Das Lokal liegt am Marein-Waalweg von Martell nach Latsch. Unter schattigen Bäumen oder in den rustikalen Räumen gibt es Bier vom Fass, Brettljausen und zünftige Gerichte. *Mo geschl. | Valtneidweg 2 | Tel. 04 73 62 32 08 | €*

Schutzhaus in idyllischer Lage: die Zufallhütte im Martelltal

ÜBERNACHTEN

DOLCE VITA JAGDHOF

Das kleine, feine Hotel der gehobenen Kategorie punktet nicht nur mit einem breiten Wellnessangebot, sondern auch mit exzellenter Küche. *29 Zi. u. Suiten | Herrengasse 15 | Tel. 04 73 62 22 99 | Fax 04 73 62 35 90 | www.jagdhof.com | €€€*

FREIZEIT & SPORT

SEILBAHN ST. MARTIN

Eine moderne Seilbahn führt von Latsch in zehn Minuten zum Dörfchen *St. Martin*, das wie ein Adlerhorst auf 1740 m am Sonnenberg klebt. Von hier gibt es Tageswanderwege mit phantastischer Aussicht zu den Ortlergletschern und den Dolomiten. *Fahrplan: Tel. 04 73 62 22 12*

AUSKUNFT

TOURISMUSVEREIN

Latsch-Martell | Hauptstr. 38/a | Tel. 04 73 62 31 09 | Fax 04 73 62 20 42 | www.latsch-martell.it

ZIEL IN DER UMGEBUNG

MARTELLTAL [118–119 C–D5]

Zwischen Latsch und Schlanders zweigt nach Südwesten das 23 km lange Martelltal ab, dessen Sonnenseite bis zur Waldgrenze besiedelt ist. Am östlichen Ufer des smaragdgrünen *Zufrittstausees* (22 km von Latsch) verläuft auf 1850 m Höhe ein behindertengerechter Spazierweg bis zur Staumauer *(2,5 km | Höhenunterschied 50 m | Gehzeit Hin- und Rückweg 1,5–2 Std.)*, immer im Angesicht der Gipfel von Cevedale und Zufallspitze. Startpunkt ist der Parkplatz am *Hotel Zum See (Forellenspezialitäten | Tel. 04 73 74 46 68 | €)* kurz vor dem Talschluss.

Am Eingang zum Martelltal liegen die Burgruinen von *Ober-* und *Untermontani*. Im 13. Jh. erbaut, wurden sie bekannt als Fundort einer mittelalterlichen Abschrift des Nibelungenliedes. In der Burgkapelle illustrieren Fresken die Legende von St. Stefan. *Besichtigung nach Voranmeldung | Familie Peer | Tel. 04 73 74 23 44*

In *Martell* (14 km von Latsch) lohnt sich wegen der ausgesprochen schönen Aussicht und der hervorragenden, rustikalen Tiroler Küche ein Abstecher zum *Gasthof Stallwies (Tel. 04 73 74 45 52 | €)*, einem der höchstgelegenen Höfe Südtirols (1953 m).

Insider Tipp

MALS

[118 B4] **Mals (4975 Ew.) und seine Nachbarorte befinden sich im äußersten Nordwesten Südtirols, im Dreiländereck Schweiz – Österreich – Italien.** Eingerahmt von den Bergriesen des Ortler und der Weißkugel liegen sie am Fuß des Schuttkegels der Malser Haide.

SEHENSWERTES

ST. BENEDIKT KIRCHE

Die Kirche in Mals birgt in ihrem Inneren Fresken aus der Zeit um 800, die zu den ältesten des deutschen Sprachraums zählen. *April–Mitte Nov. Mo–Sa 10–11.30 Uhr, außerdem regelmäßige Führungen | Info-Tel.: 04 73 83 11 90 | Eintritt 1,80 Euro*

ESSEN & TRINKEN

LAMP'L

Von außen wirkt das Gebäude unscheinbar, innen ist es ein weitläufiges Dorfgasthaus mit mehreren gemütlichen Räumen in alten Gewölben. Gute und preiswerte Tiroler Kost

MARCO POLO HIGHLIGHTS

★ **Spitalkirche zum Hl. Geist**
Ein Prunkstück des Vinschgaus ist der prächtige Flügelaltar des Meisters Jörg Lederer in Latsch (Seite 31)

★ **Glurns**
Die kleinste Stadt Italiens ist von einer vollständig erhaltenen Stadtmauer umgeben (Seite 34)

★ **Reschensee**
Rund um den Stausee mit dem „badenden" Kirchturm gibt es viele Freizeitangebote (Seite 35)

★ **St.-Prokulus-Kirchlein**
Die Fresken der Kirche gehören zu den ältesten kunsthistorischen Sehenswürdigkeiten Südtirols (Seite 35)

★ **Schloss Juval**
Reinhold Messners Sommersitz ist wie ein Fenster nach Tibet und zu den höchsten Gipfeln der Welt (Seite 36)

★ **Nationalpark Stilfser Joch**
Eindrucksvolle Hochgebirgsfauna und -flora in einem der größten Schutzgebiete Europas (Seite 37)

und Pizzas. *Do geschl.* | *Dr.-H.-Flora-Str. 4* | *Tel. 04 73 83 10 85* | €

ÜBERNACHTEN

HOTEL PANORAMA

Das gemütliche Hotel in schöner Panoramalage wird nach umweltfreundlichen und ökologischen Kriterien geführt. *26 Zi.* | *Staatsstr. 5* | *Tel. 04 73 83 11 86* | *Fax 04 73 83 12 15* | *www.hotel-panorama-mals.it* | €€

AUSKUNFT

TOURISMUSVEREIN

Mals | *St. Benediktstr. 1* | *Tel. 04 73 83 11 90* | *Fax 04 73 83 19 01* | *www.ferienregion-obervinschgau.it*

ZIELE IN DER UMGEBUNG

BENEDIKTINERABTEI MARIENBERG [118 B3]

Die Grafen von Tarasp stifteten um 1200 das Kloster, das zum kulturellen und geistigen Zentrum des Obervinschgaus wurde. Die wehrhafte Anlage liegt westlich von Burgeis (3,5 km von Mals). *Führungen: Tel. 04 73 83 13 06* | *www.marienberg.it*

CHURBURG [118 B4]

In der hervorragend erhaltenen Churburg bei Schluderns (4,5 km südöstlich von Mals) sind die freskengeschmückten Arkaden, die Schlosskapelle und die Rüstungssammlung sehenswert. *März–Okt. Di–So 10–12 u. 14–16.30 Uhr* | *Eintritt 6 Euro* | *Schluderns* | *Churburg 1* | *www.churburg.com*

GLURNS ★ [118 B4]

Glurns (2,5 km südlich von Mals) ist ein architektonisches Juwel, weil es als einzige Stadt Südtirols noch von vollständig erhaltenen Mauern umgeben ist. Drei gewaltige Tortürme,

Vorzüglich erhalten: der Arkadenhof im Schloss Churburg in Schluderns

runde Wehrtürme, Schießscharten und Pechnasen demonstrieren den Festungscharakter dieser Siedlung. *Führungen: Tel. 04 73 83 10 97*

RESCHENSEE ★ [118 B2–3]
Rund um den Reschensee (ca. 15 km nördlich von Mals) liegt die Gemeinde *Graun* (2400 Ew.) mit den Orten *Reschen, St. Valentin* und *Langtaufers*. Die Gebirgslandschaft bildet eine prächtige Kulisse für sportliche Urlaubstage mit Skilaufen im Winter, Wanderungen und Seespaziergängen, Surfen und Segeln im Sommer. Der versunkene Kirchturm des Dorfes Alt-Graun, der aus dem Stausee ragt, ist ein bekanntes Postkartenmotiv. *Ferienregion Reschenpass | Tel. 04 73 63 31 01 | www.reschenpass.it*

VINTSCHGER MUSEUM [118 B4]
Das Museum in Schluderns (4,5 km südöstlich von Mals) erläutert u.a. die Bewässerungssysteme des Vinschgaus und organisiert Führungen zur prähistorischen Siedlungsstätte *Ganglegg* oberhalb von Schluderns und zum Lehrpfad am *Quairwaal. 20. März–Okt. Di–So 10–12 u. 15–18 Uhr | Eintritt 3,50 Euro | Schluderns | Meraner Str. 1*

NATURNS

[119 E4] **Naturns (5100 Ew.) ist der Hauptort des unteren Vinschgaus und liegt schon knapp vor Meran.** Am fruchtbaren Talboden entlang führt der Etschradweg, nördlich des Ortes erstreckt sich der Naturpark Texelgruppe. Den Eingang ins Schnalstal bewacht das Schloss Juval, Wohnsitz des Extrembergsteigers Reinhold Messner.

SEHENSWERTES

NATURPARKHAUS TEXELGRUPPE
Vom Biotop zum Mikroskop – Natur anders erleben. *Feldgasse 3 | Tel. 04 73 66 82 01 | www.naturparke.com*

ST.-PROKULUS-KIRCHLEIN ★
Die vorkarolingischen (um 700) und gotischen Fresken im Kirchlein bei Naturns zählen zu den bedeutendsten kunsthistorischen Sehenswürdigkeiten Südtirols. Das Prokulus-Museum erzählt die Entstehung der Kirche. *Mitte März–Okt. Di–So 9.30–12 u. 14.30–17.30 Uhr (ab 15. Okt. nur bis 17 Uhr) | Eintritt Museum u. Kirche 5,20 Euro | www.prokulus.org*

ESSEN & TRINKEN

GASTHOF FALKENSTEIN
Nur wenige Minuten oberhalb von Naturns trumpft der Gasthof mit einer ruhigen Lage, schöner Aussicht und guter Hausmannsküche. *Mo geschl. | Schlossweg 15 | Tel. 04 73 66 73 21 | www.gasthof-falkenstein.com* | €

ÜBERNACHTEN

DOLCE VITA DESIGNHOTEL LINDENHOF
Hotel und Zimmer in warmen Farben und mit Naturmaterialien. *59 Zi. | Kirchweg 2 | Tel. 04 73 66 62 42 | Fax 04 73 66 82 98 | www.lindenhof.it* | €€

AUSKUNFT

TOURISMUSVEREIN
Naturns | Rathausstr. 1 | Tel. 04 73 66 60 77 | Fax 04 73 66 63 69 | www.naturns.it

ZIELE IN DER UMGEBUNG

KASTELBELL [119 D4]
Die wehrhafte Burg, die dem Dorf Kastelbell (3 km östlich von Latsch)

seinen Namen gab, wurde im 13. Jh. erbaut. Heute ist sie im öffentlichen Besitz und Ort von Ausstellungen und Veranstaltungen. *Führungen Mitte Juni–Sept. Mi–Sa 14, 15, 16 Uhr, So 10.30, 14, 15, 16 Uhr | Eintritt 3,50 Euro*

PARTSCHINS [119 E4]

Das ausgefallene *Schreibmaschinenmuseum Peter Mitterhofer* in Partschins (11 km von Naturns) zeigt eine Fülle an wertvollen, originellen und modernen Schreibmaschinen. *April–Okt. Mo, Fr 15–18, Di–Do 10–12, 15–18, Sa 10–12, Nov.–März Di 10–12 Uhr | Eintritt 5 Euro | Kirchplatz 10 | www.schreibmaschinenmuseum.com*

Im Rücken von Partschins liegt das *Zieltal*. Hier stürzt der Zielbach als fast 100 m hoher Wasserfall in die Tiefe. Von Partschins aus führt Weg 8 zum beeindruckenden Naturschauspiel *(Gehzeit ca. 2 Std.)*. Insider Tipp

Die neue Panoramaseilbahn bringt Wanderer in wenigen Minuten von der Talsohle bei Partschins von 633 m auf 1544 m, mitten in den Naturpark Texelgruppe und auf den Meraner Höhenweg. Von Ostern–Nov. Wandervorschläge unter *www.partschins.com. Texelbahn | Tel. 04 73 96 82 95*

SCHLOSS JUVAL ★ [119 E4]

Die Schlossanlage wurde von Reinhold Messner gründlich saniert. Sie beherbergt eine Sammlung von Masken, eine Ausstellung tibetischer Exponate sowie eine Bergbildergalerie. *Ostern–Juni, Sept.–Okt. Führungen: Do–Di 10.15–16.15 Uhr | Eintritt 7 EuroKastelbell-Tschars | Juval 3*

SCHNALSTAL [119 D–E3–4]

Von Schloss Juval zieht sich das Schnalstal ca. 25 km bis an die Gletscher der Ötztaler Alpen. Uralte, von der Sonne verbrannte Bauernhöfe stehen in Kontrast zum einzigen Ganzjahres-Gletscherskigebiet Südtirols am oberen Talende *(Schnalstaler Gletscherbahnen | Tel. 04 73 66 21 71 | www.schnalstal.com)*.

Das *Erlebnismuseum Archeoparc* in der Nähe des Fundortes der Gletschermumie „Ötzi" zeigt den Alltag im Lebensraum eines jungsteinzeitlichen Jägers *(Ende März–Nov. Di–So 10–18, Juli, Aug. auch Mo | Eintritt 8 Euro | Unser Frau 163 | www.archeo*

>LOW BUDGET

- Erfrischendes Nass für Gesundheitsbewusste: Am Nittbachzwischen Tschengls und Prad gibt es eine kostenlose *Wassertretanlage. Infos: Tourismusbüro Prad | Tel. 04 73 61 60 34*
- Einfach, preiswert und ideal gelegen für Wanderungen ist das *Gasthaus Paflur* mit Übernachtungsmöglichkeit. *Mo geschl. | Laas Tanas | Tanas 31 | Tel. 04 73 73 99 77 | €*
- Die interessante historische Grabungsstätte *Ganglegg* umfasst u.a. einen Brandopferplatz, eine Zyklopenmauer und Reste rätischer Häuser. Sie bietet eine Picknickgelegenheit und ist über einen Waalweg in ca. 30 Minuten ab Schluderns erreichbar. *Eintritt frei*
- Günstige Erholung am *Quellensee* in Goldrain: auf der Liegewiese, bei einem Picknick oder beim Grillen. Die *Seebar* sorgt für Erfrischungen *(Mo geschl., Mai–Sept. tgl. 10–22 Uhr | Tel. 32 01 77 22 33)*.

Trutzburg eines Unangepassten: Reinhold Messners Schloss Juval

parc.it). Tourismusverein Schnalstal | Schnals | Karthaus 42 | Tel. 04 73 67 91 48 | Fax 04 73 67 91 77 | www.schnalstal.org

PRAD/ ORTLERGEBIET

[118 A–B 4–5] **Am Rand des Nationalparks Stilfser Joch erstreckt sich ein vielseitiges Sommer- und Winterferiengebiet.** Es ist von gleich 14 Dreitausendern umgeben, darunter auch „König Ortler" (3905 m), der höchste Berg Südtirols. Von Prad (3200 Ew.) führt die berühmte Stilfserjochstraße mit ihren 48 Spitzkehren in hochalpine Bergregionen auf rund 2750 m.

SEHENSWERTES

MESSNER MOUNTAIN MUSEUM ORTLES

Hinter seinem Bauernhof und der Buschenschenke *Yak & Yeti* in Sulden hat Reinhold Messner ein unterirdisches Museum angelegt, das sich mit den Themen Berg und Eis befasst. *Mitte Dez. bis 1. So nach dem 1. Mai, Juni–Mitte Okt. Mi–Mo 14–18 Uhr | Eintritt 5 Euro | Sulden | Forststr. 55 | www.messner-mountain-museum.it*

NATIONALPARK STILFSER JOCH ★

Mit mehr als 1300 km² Ausdehnung ist das Stilfser Joch einer der größten Nationalparks in Europa. Er schützt die besondere Flora und Fauna der Hochgebirgsregion. Drei Nationalparkhäuser führen das Neben- und Miteinander von Natur und menschlicher Besiedlung vor Augen: Im *Culturamartell (Martell | Trattla 246 | Tel. 04 73 74 50 27)* ist die Kultur der Bergbauern das Thema, im *Naturatrafoi* geht es um das „Leben an der Grenze" *(Stilfs | Trafoi 57 | Tel. 04 73 61 20 31)* und im *Aquaprad* ums Wasser und die Welt der Fische

(Prad | Kreuzweg 4/c | Tel. 0473 618212). www.naturatrafoi.com

ESSEN & TRINKEN

ZUM DÜRREN AST

Klaus Theiner verwöhnt seine Gäste mit viel Hausgemachtem, frischen Gebirgsforellen und selbst gebackenem Brot. *Ostern–Juli, Sept–Dez. Fr geschl., Aug. tgl. | Prad | Tel. 04 73 61 66 38* | €€

FREIZEIT & SPORT

SKIFAHREN

Das Ortlergebiet ist wegen der großen Höhenlage – Pisten bis auf über 3000 m – sehr schneesicher. *Auskünfte über die Seilbahn, Sessel- und Skilifte: Tel. 04 73 61 30 47.* Von Juni bis November ist am Stilfser Joch eines der größten Sommerskigebiete Europas mit 2 Seilbahnen, 6 Skiliften und 3 Langlaufloipen geöffnet. *Fahrplanauskunft: Tel. 03 42 90 30 30 | Skipässe: 29–31 (Tag), 143–154 (Woche), 490 Euro (Saison)*

AUSKUNFT

TOURISMUSVEREIN

Ferienregion Ortlergebiet: Prad | Hauptstr. 29 | Tel. 04 73 61 60 34 | Fax 04 73 61 67 76; Sulden | Hauptstr. 72 | Tel. 04 73 61 30 15 | Fax 04 73 61 31 82 | www.ortlergebiet.it

SCHLANDERS

[118 C4] **Etwa in der Mitte des Vinschgaus liegt der Hauptort der Region, die Marktgemeinde Schlanders (5900 Ew.).** Das historische, verkehrsberuhigte Zentrum mit seinen feinen Läden und

> BLOGS & PODCASTS

Gute Tagebücher und Files im Internet

> *www.blog.suedtirol-reisen.com* – Beiträge zu den verschiedensten Themen, die für Südtirol typisch, originell oder einzigartig sind.

> *www.spaghetti-mit-knoedel.com* – von kritischen, aber auch positiven Beiträgen wimmelt es in diesem konstruktiven, mitunter augenzwinkernden, ansprechenden Blog.

> *www.suedtirol-blog.com/suedtiroler-blogs* – Sammelseite für verschiedene Südtirol-Blogs.

> *www.suedtirol.info/Reisefuehrer/Podcasts/Podcasts.html* – die Podcasts geben einen Einblick in Südtirols Geschichte, Kultur, Sehenswürdigkeiten, Essen und Trinken. Auch zum Download. Ein Dienst der offiziellen Tourismusorganisation, gut für eine erste Information.

> *www.hotknott.com* – Link zu einer Community für alle, deren Leidenschaft die Berge sind. Hier können Sie kostenlos digitale Tourenbücher führen, Tourenvorschläge suchen únd -partner finden, GPS-Daten downloaden, dazu Links, Tipps und News zum Thema Berg.

> *www.endlichwinter.com* – Bergprofis präsentieren Skitouren, Videos, Materialtests, Interviews und laden zum Mitmachen ein

Für den Inhalt der Blogs & Podcasts übernimmt die MARCO POLO Redaktion keine Verantwortung.

Künstler geben dem schneeweißen Laaser Marmor viele Gesichter

herausgeputzten Cafés lädt zum Flanieren und zum Einkaufsbummel ein.

SEHENSWERTES

SCHLANDERSBURG

Das Palais Schlandersburg, errichtet um 1600, ist das bedeutendste Renaissancegebäude des Vinschgaus. Fassadenturm, Loggienhof, Marmorportal und Sonnenuhr sind zu besichtigen. *Mo–Fr 9–12 u. 14–18, Di 9–20, Sa 9–12 Uhr | Schlandersburgstraße | www.schlandersburg.it*

ÜBERNACHTEN

SPORTHOTEL VETZAN

Das Hotel ist auch bei Einheimischen beliebt und wird gerne für Feiern gebucht. Gute Küche und Weinkarte. *30 Zi. | Vetzan | Tel. 04 73 74 25 25 | Fax 04 73 74 24 67 | www.sporthotel-vetzan.com | €€€*

FREIZEIT & SPORT

REITEN

Der nahe dem Zentrum gelegene *Bio-Reiterhof Vill* hält für seine Gäste nicht nur ein buntes Reitsportangebot bereit, sondern auch hofeigene Bioprodukte. Angeschlossen ist das *Landhotel Anna (18 Zi. | €€). 4 Apt. | Mühlgasse 13 | Tel. 04 73 62 12 67 | Fax 04 73 74 67 67 | www.vill.it | €*

AUSKUNFT

TOURISMUSVEREIN

Schlanders-Laas | Göflanerstr. 27 | Tel. 04 73 73 01 55 | Fax 04 73 62 16 15 | www.schlanders-laas.it

ZIEL IN DER UMGEBUNG

LAAS [118 C4]

Der weiße Laaser Marmor wird besonders wegen seiner Reinheit geschätzt. In Laas (6,5 km westlich von Schlanders) selbst ist der Marmor allgegenwärtig. Führungen im Sommer informieren über den Abbau: *Di, Do (Juni, Okt. Sa) 13.30 Uhr | Treff: Parkplatz an der Mittelschule | Info: Tel. 04 73 62 63 42*

In Allitz etwas oberhalb von Laas liegt das *Gasthaus Sonneck (Di geschl. | Allitz | Tel. 04 73 62 65 89 | €€)* mit Sonnenterrasse, hervorragender Küche und guter Weinauswahl.

> LEBHAFTE KURSTADT, STILLE SEITENTÄLER

Was schon Kaiserin Sisi wusste: Das schöne Meran wird von mehr als einem Hauch Süden umweht

> Die Schönheit der Landschaft um den Meraner Talkessel zieht schon von alters her die Menschen in ihren Bann.

Merans Ruf als Kurort verbreitete sich in der zweiten Hälfte des 19. Jhs., als mit Erzherzog Johann und der Kaiserin Sisi die Aristokratie Einzug hielt. Immer noch ist die Kurstadt mit ihrem k. u. k. Flair eine Attraktion, die in den letzten Jahren noch durch einen botanischen Garten und eine Thermenanlage mitten in der Stadt bereichert wurde. Trotz der Touristenströme gibt es noch viele stille Plätze: im burgenreichen Tisens, im traditionsverhafteten Ultental und im sonnigen Passeiertal.

LANA UND UMGEBUNG

[124 A–B2] **Im Süden und Westen von Meran liegt Lana (10 030 Ew.), die größte**

Bild: St. Gertraud

MERANER LAND

Obstbaugemeinde Südtirols. Um sie herum gruppieren sich die Orte *Gargazon* (1400 Ew.), *Burgstall* (1600 Ew.), *Marling* (2200 Ew.), *Tscherms* (1300 Ew.) und *Tisens* (1800 Ew.).

SEHENSWERTES

OBSTBAUMUSEUM

Im Ansitz Larchgut in Lana steht auf 2000 m² Ausstellungsfläche der Apfel im Mittelpunkt, seine Sortenvielfalt, Anbaugeschichte, die Bewässerungssysteme u. v. m. *April–Okt. Di–Sa 9.30–12.30 u. 14–17, So 14–18 Uhr | Eintritt 3 Euro | Brandis-Waalweg 4 | www.obtsbaumuseum.it*

PFARRKIRCHE NIEDERLANA ★

Die gotische Kirche in Niederlana ist weit über die Grenzen des Landes hinaus wegen ihres über 14 m hohen, figurenreich ausgestatteten Flügelaltars bekannt, der ab 1503 vom schwäbischen Meister Hans Schnatterpeck geschaffen wurde. *Führungen an Wochentagen: Tel. 04 73 56 20 37 | Schnatterpeckstraße*

SCHLOSS LEBENBERG

Südlich von Marling liegt auf einem Geländevorsprung Schloss Lebenberg mit malerischem Innenhof, Ziergarten und historischen Sälen. *März–Okt. Mo–Sa 10.30–12.30 u. 14–16.30 Uhr | Eintritt 5,50 Euro | Tscherms | Lebenbergstr. 15*

Der Mittelschrein des spätgotischen Flügelaltars von Niederlana

ESSEN & TRINKEN

GASTHAUS FORSTHOF

Am Eingang zum Ultental steht das mit Liebe zum Detail und zur guten, einfachen Küche geführte Lokal mit Garten, Veranda und Spielwiese. *Mo, Di nur abends | St. Pankraz | Ultnerstr. | Tel. 04 73 55 07 90 | €€*

ZUM LÖWEN

Der Gourmettempel im historischen Ortskern von Tisens ist weit über die Grenzen Südtirols bekannt. Kreative Küche auf hohem Niveau. *Mo abends und So geschl. | Tisens | Hauptstr. 72 | Tel. 04 73 92 09 27 | €€€*

ÜBERNACHTEN

THEINER'S GARTEN BIO VITAL HOTEL

Das außergewöhnliche Hotel ist nach strengen baubiologischen Richtlinien in Massivholz mitten in Obstwiesen erbaut. Höchster Komfort, familiäres Flair, Pool und Wellnessbereich. *57 Zi. | Gargazon | Andreas-Hofer-Str. 1 | Tel. 04 73 49 08 80 | Fax 0473 291519 | www.theinersgarten.it | €€€*

SCHLOSS WEHRBURG

In einem der schönsten Schlösser Südtirols wohnt man wie ein Fürst. Stilvolles Ambiente, moderner Komfort, Pool im Garten, herrliche Aussicht. *22 Zi. | Tisens-Prissian | Tel. 04 73 92 09 34 | Fax 04 73 92 06 76 | www.wehrburg.com | €€*

TRAUBENWIRT

Das Haus mit Garten, Frei- und Hallenbad gewährt einen großartigen Ausblick über das Meraner Becken. *25 Zi. | Marling | Kirchplatz | Tel. 04 73 44 72 16 | Fax 04 73 20 79 18 | www.traubenwirt.com | €€*

VIGILIUS MOUNTAIN RESORT

Das luxuriöse Hotel Vigilius, ein Projekt des Südtiroler Stararchitekten

Matteo Thun, liegt neben der Bergstation der Vigiljoch-Seilbahn und verführt durch Komfort auf höchstem Niveau, Ess- und Trinkgenuss und absolute Ruhe dank Autofreiheit. *41 Zi. und Suiten | Lana Vigiljoch | Tel. 04 73 55 66 00 | Fax 04 73 55 66 99 | www.vigilius.it* | €€€

FREIZEIT & SPORT

LANA-VIGILJOCH

Eine der ältesten Seilbahnen Tirols erschließt das Wanderparadies rund um das Vigiljoch. *Fahrplanauskunft: Tel. 04 73 56 13 33*

AUSKUNFT

TOURISMUSVEREIN

Lana | Andreas Hofer-Str. 7/B | Tel. 04 73 56 17 70 | Fax 04 73 56 19 79 | www.lana.net

ZIELE IN DER UMGEBUNG

Insider Tipp

DEUTSCHNONSBERG [119 E–F6]

Über das Gampenjoch (1518 m, 19 km von Lana) sind die Enklaven des Deutschnonsberges, die drei deutschen Dörfer *Laurein, Proveis* und *St. Felix* (insg. 1400 Ew.) erreichbar. Sie liegen geografisch schon im Trentino, abseits von den großen Verkehrsrouten, ohne Obst- und Weinbau, ohne Industrie und mit kaum Tourismus – und gerade das macht sie besuchenswert. *Tourismusverein Deutschnonsberg | Laurein | Dorf 2 | Tel. 04 63 53 00 88 | Fax 04 63 53 21 00 | www.deutschnonsberg.it*

NÖRDLICHER TSCHÖGGLBERG [124 A–B2]

Die Seilbahn Burgstall–Vöran verbindet das Etschtal mit dem Dorf Vöran und dem Wandergebiet auf dem Tschögglberg. *Burgstall | Romstr. 123 | Tel. 04 73 29 11 20*

ULTENTAL ★ [119 D–F 4–6]

Südlich von Meran zweigt bei Lana das waldreiche, 33 km lange Ultental mit seinen fünf Stauseen nach Südwesten ab. Die Dörfer *St. Gertraud, St. Nikolaus* und *St. Walburg* der Gemeinde Ulten (3000 Ew., 20 km von Lana) sowie *St. Pankraz* (1600 Ew.) sind alle nach Heiligen benannt: Einer Sage nach haben hier einst so viele Geister und Teufel ihr Unwesen getrieben, dass die einzelnen Orte der Obhut der Heiligen

MARCO POLO HIGHLIGHTS

★ Lauben und Altstadt
In Meran bilden historische Gebäude mit reich verzierten Fassaden und alte Stadttore eine malerische Kulisse (Seite 45)

★ Gärten von Schloss Trauttmansdorff
Inmitten blühender Blumen, Palmen und Olivenbäume lässt sich ein ganzer Tag mit sehen, riechen und entdecken verbringen (Seite 44)

★ Schloss Tirol
Hinter diesen Mauern wird die Geschichte Tirols lebendig (Seite 49)

★ Pfarrkirche Niederlana
Der größte Flügelaltar des Alpenraums (Seite 41)

★ Ultental
Zwischen den Wäldern des Tals blitzt immer wieder ein See hervor (Seite 43)

unterstellt werden mussten. Am Weissbrunner Ferner entspringt der *Falschauer Bach* und durchläuft alle Vegetationszonen – vom Gletscher bis zu den Weingärten in Lana.

Im *Ultner Talmuseum (Mai–Sept. Di–Fr 11–12 u. 15–17, So 10–12 u. 15–17 Uhr, März, April, Okt. nur So | Eintritt freiw. Spende | St. Nikolaus 107)* in der alten, hölzernen Schule von St. Nikolaus wurde eine große Sammlung von Hausrat, bäuerlichem Gerät, Schriften, Bildern und Kuriosem zusammengetragen. Gute Tiroler Hausmannskost und italienische Küche in einer sehenswerten Stube gibt

Insider Tipp

es im traditionsreichen *Gasthof Eggwirt (21 Zi. | Di geschl. | St. Walburg | Tel. 04 73 79 53 19 | €€)*. Auskunft: *Tourismusverein Ultental | St. Walburg 154 | Tel. 04 73 79 53 87 | Fax 04 73 79 50 49 | www.ultental.it*

MERAN

[124 A1] Meran (33 400 Ew.) hatte seine erste Blütezeit im Mittelalter, als es für rund 100 Jahre die Hauptstadt der Grafschaft Tirol war. Später, unter der Habsburger Monarchie, begann der Aufstieg zur weltberühmten Kurstadt. Scharen von Besuchern genießen heute noch die vorteilhafte Lage und das schöne Stadtbild.

SEHENSWERTES

GÄRTEN VON SCHLOSS TRAUTTMANSDORFF ★

Auf einem sonnigen Hang im Südosten Merans wurde um das Schloss Trauttmansdorff herum ein einmaliger botanischer Garten mit Lehrpfaden und Themengärten angelegt. Das weitläufige Areal umfasst u.a. Palmen, Olivenbäume, Zypressen, Lavendelbüsche, einen Bereich mit (Kultur-)Pflanzen der Region, einen Teich, einen Weinberg, ein Kakteen- und ein Orchideenhaus sowie künstlerisch gestaltete Pavillons.

Das *Touriseum* ist an die Gärten gekoppelt, es gilt dasselbe Ticket. Es erzählt auf vergnügliche und unterhaltsame Weise von 200 Jahren alpiner Tourismusgeschichte. *Gärten und Touriseum: April–Nov. tgl. 9–18 Uhr,*

Die Hanglage erhöht noch den Zauber des Botanischen Gartens von Schloss Trauttmansdorff

Mitte Mai–Mitte Sept. tgl. 9–21 Uhr | Eintritt 9,50 Euro | St. Valentin-Str. 51a | www.trauttmansdorff.it | www.touriseum.it

KUNST MERAN

Der Kunst- und Kulturtreff Meran im Haus der Sparkasse mit Café und Shop zeigt auf drei Geschossen und 500 m² Fläche ein niveauvolles Ausstellungsprogramm zu bildender Kunst, Architektur, Literatur, Musik u. v. m. *Di–So 10–18 Uhr | Eintritt 5 Euro | Laubengasse 163 | www.kunstmeranoarte.com*

KURHAUS

Das kuppelgekrönte Gebäude mit dem 1914 eröffneten Kursaal ist eines der schönsten Jugendstilgebäude der Alpen. Es wurde stilgerecht renoviert, liegt im Stadtzentrum und ist Sitz der Kurverwaltung. *Freiheitsstr. 45*

LANDESFÜRSTLICHE BURG

Im ehemaligen Quartier der Tiroler Landesfürsten sind u.a. prachtvolle Kachelöfen, Bilder, Waffen und historische Musikinstrumente zu sehen. *März–Dez. Di–Sa 10–17, So 10–13 Uhr | Eintritt 2 Euro | Galileistraße*

LAUBEN UND ALTSTADT

Der historische Stadtkern Merans gruppiert sich um die Pfarrkirche und jene alte Gasse, die wegen ihrer offenen Gewölbe im Erdgeschoss „Lauben" genannt wird. Die Fassaden der historischen Gebäude sind teilweise reich verziert und mit Erkern ausgestattet. Von den vier alten Stadttoren sind das Passeirer, das Bozner und das Vinschger Tor erhalten.

PFARRKIRCHE ZUM HL. NIKOLAUS

Am Bau der prächtigen gotischen Pfarrkirche waren mehrere Generationen beteitigt: Während der Chor 1367 geweiht wurde, entstand das Gewölbe des Langhauses erst im 15. Jh. Der dominierende achteckige Turm ist von 1617. *Pfarrplatz*

THERME MERAN

Heiße Quellen speisen die Therme, die mit 25 Pools, acht Saunas und Dampfbädern, einem Spa-&-Vital- und einem Fitnessbereich aufwartet. Die Entwürfe für die 7500 m² große Wellnessoase mit angeschlossenem Kurhotel stammen vom bekannten Südtiroler Architekten Matteo Thun. *Tgl. 9–22 Uhr | Eintritt: Tageskarte Therme Sommer 14 Euro, Winter 16 Euro, Therme und Sauna 23 Euro | Thermenplatz | www.thermemeran.it*

ESSEN & TRINKEN

EGGERHOF

Am Ostabhang des Vigiljocher Bergs liegt auf 1267 m in Wald und Wiesen eingebettet in prächtiger Aussichtslage dieses Berggasthaus mit gemütlicher Stube, Veranda und Gastgarten. Serviert wird Hausmannskost, selbst gebackenes Brot und sonntags Schöpsenbraten (Hammel) oder Wild. *Sommer Mi geschl., Winter Mo–Fr geschl. | Marling | Jocherweg | Tel. 33 84 74 07 28* | €

KONDITOREI KÖNIG

Das Kaffeehaus wird seit Generationen von Familie König geführt. Beliebt sind neben den Torten und Kuchen auch die hausgemachten Pralinen. *So geschl. | Freiheitsstr. 168 | Tel. 04 73 23 71 62* | €

RESTAURANT RAINER

Trotz großen Ansturms hat sich an der Qualität des Essens und am stilvollen, bodenständigen Ambiente in dem zentral, aber ruhig gelegenen Haus bislang nichts geändert. *So geschl. | Lauben 266 | Tel. 04 73 23 61 49* | €€

SANTER KLAUSE

Das Wirtshaus liegt in der Altstadt unmittelbar am Passeirer Tor. In der alten Gaststube aus dem 16. Jh. und im schönen Garten kommt traditionelle Tiroler Küche auf den Tisch. *Do geschl. | Passeirergasse 34 | Tel. 04 73 23 40 86* | €€

SISSI

Chef Andrea Fenoglio zaubert in seiner Küche auserlesene Speisen mit piemontesischer Prägung und bietet eine Auswahl hervorragender Weine. Das hohe Leistungsniveau geht auf erfreuliche Weise mit angemessenen Preisen einher. *Mo geschl. | Galileistr. 44 | Tel. 04 73 23 10 62* | €€€

EINKAUFEN

WOCHENMARKT

Jeden Freitag findet in Bahnhofsnähe ein großer Wochenmarkt mit vielfältigem Warenangebot statt.

MERANER WEINHAUS

Einer großen Auswahl an regionalen und internationalen Weinen stehen fachkundige Berater zur Seite. *Romstr. 76*

ÜBERNACHTEN

HOTEL AURORA

Verschiedenartige Zimmer mit unterschiedlicher Atmosphäre: Wollen Sie

> KAISERIN SISI

Hoher Besuch mit weitreichenden Folgen

Für Kaiserin Elisabeth, genannt Sisi, war Meran das südlichste deutschsprachige Reiseziel innerhalb der k. u. k Monarchie, mit mildem Klima und grandioser Bergwelt. Auf ihren ersten Aufenthalt in Schloss Trauttmansdorff 1870 folgten viele weitere, und Merans Ruf als Kurstadt verbreitete sich daraufhin unaufhaltsam. Der Kaiserin wurde von den Meranern ein Denkmal aus schneeweißem Laaser Marmor an der Sommerpromenade gewidmet. Vom Zentrum der Kurstadt aus führt der Sisi-Weg zum Schloss Trauttmansdorff. Dieses ist eine von vielen Stationen an der Sisi-Straße, einer europäischen Kulturroute, die den Spuren der Kaiserin folgt *(www.regio-augsburg.de/sisistrasse)*.

es weiß, farbig oder eher rustikal? In diesem Hotel mit breitem Wellnessangebot haben Sie die Wahl. Zentral, an der Promenade, gegenüber der Thermenanlage, mit eigener kleiner, aber feiner Wellnessanlage, Bistro, Restaurant und der Clublounge Sketch. *34 Zi. | Kurpromenade 38 | Tel. 04 73 21 18 00 | www.hotelaurora.bz* | €€

LANDHAUS WEGER

Das ansprechende Haus am Stadtrand liegt im Grünen und bietet eine herrliche Aussicht über das Burggrafenamt. Pool im Garten, Liegewiese. *6 Apt. und Zi. | Laberserstr. 35 | Tel. 04 73 23 47 60 | Fax 04 73 25 84 69 | www.landhausweger.com* | €–€€

MEISTERS HOTEL IRMA

Das Hotel zählt zu den Spitzenhäusern Südtirols, zu seinem Angebot gehören u.a. ein Wellnessparadies, die hervorragende Küche und ein herrlicher Park. *60 Zi. u. Suiten | Schönblickstr. 17 | Tel. 04 73 21 20 00 | Fax 04 73 23 13 55 | www.hotel-irma.com* | €€€

STEIGENBERGER HOTEL THERME MERAN

Im Herzen der Stadt, an der Promenade, am Passer Fluss und Thermenpark, liegt das bis ins Detail vom Architekten Matteo Thun gestylte Hotel und bietet neben modernsten Tagungsräumen, À-la-Carte-Restaurant und Bar mit Terrassenplätzen einen schönen Blick auf die umliegenden Berge. Vom hoteleigenen Wellnessbereich führt ein Tunnel direkt zur Therme Meran. *139 Zi. | Thermenplatz 1 | Tel. 04 73 25 90 00 | www.thermemeran.it* | €€€

Jugendstil pur: das Meraner Kurhaus, im Hintergrund der Turm von St. Nikolaus

FREIZEIT & SPORT

KANUSPORT

Auf der Passer werden regelmäßig internationale Kanu-Wettkämpfe ausgetragen. Infos: *Sportclub Meran | Rennweg 115/117 | Tel. 04 73 23 21 26 | www.sportclub-meran.it*

PFERDESPORT

Im Meraner Ortsteil Untermais zieht der riesige Pferderennplatz mit der 5 km langen Bahn und der Zuschauertribüne den Blick auf sich. Die Saison beginnt mit dem Haflingergalopprennen am Ostermontag. Am letzten Sonntag im September findet dann eines der bedeutendsten

Hindernisgalopprennen Europas statt, der „Große Preis von Meran". Auskunft: *Tel. 04 73 44 62 22 | www.meranomaia.it*

PROMENADEN

Ein dichtes Netz an Promenaden (60 km) überzieht Stadt und Umgebung, darunter Kur-, Sommer-, Winter-, Gilf- und Passerpromenade. Der klassische Spazierweg ist der *Tappeinerweg*. Er führt über ca. 4 km von der Zenoburg (nördlich des Passeirertors) bis nach Gratsch im Nordwesten von Meran am Hang des Küchelbergs entlang mit Blick auf die Dächer der Altstadt. Besonders schön ist er zur Bütezeit im Frühjahr.

>LOW BUDGET

- Wie der bäuerliche Alltag in früherer Zeit aussah, zeigt das *Bauernmuseum* mit einer Fülle von Geräten und Werkzeugen. *Ostern–Allerheiligen Di, Fr 14–17, So 15–17 Uhr | Eintritt freiw. Spende | Völlan | Badlweg 2*
- Der Eintritt in das originellste „Kino" Südtirols – das *Knottenkino* – ist frei, die Leinwand besteht aus dem einzigartigen Panorama über das Etschtal zu den Ultner Bergen und zum Ortlermassiv. Die Sessel unter freiem Himmel platzierte der Künstler Franz Messner. *40 Minuten beschilderter Fußweg ab der Straße Vöran–Mölten*
- Im Skigebiet *Ulten-Schwemmalm und Meran 2000* gibt es Senioren-, Kinder- und Familienrabatte sowie preiswerte Halbtages- und Mehrstundenkarten. Inforamtionen: *www.schwemmalm.com | www.meran2000.net*
- Die *Brauerei Forst* ist eine der größten Bierbrauereien Italiens. Bei einer kostenlosen Führung können Sie sich selbst von der traditionellen Braukunst überzeugen. *Ostern–Mitte Okt. Mi 14 Uhr | Algund | Anmeldung erforderlich: Tel. 04 73 26 01 11 | www.forst.it*

WAALWEGE

Der *Marlinger Waalweg* ist sicherlich der bekannteste unter den vielen Waalwegen, die entlang jahrhundertealter Bewässerungsgräben die Berghänge des Vinschgaus überziehen. Er führt von der Töll (südwestlich von Meran) beim Stauwehr der Etsch (Parkplatz) ca. 12 km bis nach Lana *(Gehzeit 3,5–4 Stunden)*.

AM ABEND

SIEBEN

Nächtliche Stadtbummler finden hier Café, Bar, Bistro und Restaurant in einem. *Bis 1 Uhr geöffnet | Lauben 232 | Tel. 04 73 21 06 36*

SKETCH

Clublounge an der Passerpromenade beim Hotel Aurora. Monatliche Themenveranstaltungen. *Fr u. Sa bis 3 Uhr geöffnet | Lauben 232 | Tel. 04 73 21 18 00 | www.sketch.bz*

THEATER IN DER ALTSTADT

Kleine Kellerbühne im Kurhaus, die alternatives Theater und Kabarett zeigt. *Freiheitsstr. 27 | www.theater-in-der-altstadt.it*

AUSKUNFT

KURVERWALTUNG MERAN

Freiheitsstr. 45 | Tel. 04 73 27 20 00 | Fax 04 73 23 55 24 | www.meran.com

ZIELE IN DER UMGEBUNG

ALGUND, DORF TIROL, SCHENNA [124 A1]

Ein Kranz von schönen Dörfern umgibt die Berghänge rund um Meran, darunter *Algund* (4200 Ew.), *Dorf Tirol* (2400 Ew.) und *Schenna* (2700 Ew.). Sie profitieren zwar touristisch von Merans gutem Namen, können aber mit einer ganz eigenen schönen Aussicht aufwarten.

Hier galoppieren sie noch, doch das Besondere am Parcours in Meran sind die Hindernisse

★ *Schloss Tirol*, dessen älteste Teile aus dem 12. Jh. stammen, ist allein schon wegen seiner imposanten Erscheinung in beherrschender Position einen Ausflug wert. Von der Ortschaft Tirol (5,5 km nordwestlich von Meran) ist es auf einem promenadenähnlichen Weg in 15 Minuten zu erreichen. Im Schloss ist auch das *Landesmuseum für Kultur- und Landesgeschichte* untergebracht. *Mitte März–Nov. Di–So 10–17 Uhr, Aug. 10–18 Uhr | Eintritt 6 Euro | Dorf Tirol | Schlossweg 24 | www.schlosstirol.it*

Schloss Schenna war die ehemalige Residenz des Erzherzogs Johann von Österreich. Im Schloss werden Waffen, Möbel und Gemälde zur Geschichte Habsburgs und Tirols gezeigt *(Führungen April–Okt. Mo–Sa 10.30, 11.30, 14, 15 Uhr | Eintritt 6 Euro | Schenna | Schlossweg 14)*. In unmittelbarer Nähe des Schlosses steht das *Mausoleum des Erzherzogs Johann,* gebaut aus rotem Sandstein in neugotischem Stil *(Führungen: Tel. 04 73 94 56 69)*. *www.schloss-schenna.com*

Das *Culinaria im Farmerkreuz (März–Dez. So abends und Mo geschl. | Dorf Tirol | Haslachstr. 105 | Tel. 04 73 92 35 08 | www.culinaria-*

im-farmerkreuz.it | *€€)* verwöhnt mit Leichtem aus der regionalen und mediterranen Küche, bietet ein traumhaftes Panorama mit Blick über Meran und eine gute Mischung aus Tiroler Tradition und italienischen Temperament!

Rote Geranien, bunte Läden und hübsche Malereien schmücken viele Häuser in Schenna

Insider Tipp Die Devise des *Thurnerhofs (Di–So 16–24 Uhr | Schenna | Verdinserstr. 26 | Tel. 04 73 94 57 02 | €€)* lautet „köstlich einfach" und gilt sowohl für die alpenländischen Spezialitäten als auch für das Flair des jahrhundertealten Bauernhofs.

Der *Ansitz Pünthof (Nov.–Ostern geschl. | 18 Zi., Suiten und Apt. | Algund | Steinachstr. 25 | Tel. 04 73 44 85 53 | Fax 04 73 44 99 19 | www.puenthof.com | €€)* liegt an der ehemaligen Römerstraße Via Claudia Augusta mitten in Wein- und Obstgärten. Seit 1633 ist er in Familienbesitz und geschmückt mit Fresken aus dem 13. Jh.

Die Seilbahn Dorf Tirol–Hochmut führt zu den *Muthöfen*, die in extremer Steillage in rund 1200 m Höhe wie Vogelnester am Berghang der Mutspitze (2295 m) im Rücken von Dorf Tirol kleben. *Fahrplanauskunft: Tel. 04 73 92 34 80 | www.seilbahn-hochmuth.it*

Auskunft: *Tourismusverein Dorf Tirol | Hauptstr. 31 | Tel. 04 73 92 33 14 | Fax 04 73 92 30 12 | www.dorf-tirol.it; Tourismusverein Algund | Alte Landstr. 33/B | Tel. 04 73 44 86 00 | Fax 04 73 44 89 17 | www.algund.com; Tourismusverein Schenna | Erzherzog-Johann-Platz 1/d | Tel. 04 73 94 56 69 | Fax 04 73 94 55 81 | www.schenna.com*

PASSEIERTAL

[120 A2–4] Flankiert von hohen Bergen zieht sich das Passeiertal mit den Hauptorten St. Martin (2800 Ew.) und St. Leonhard (3400 Ew.) von Meran rund 50 km nach Norden hin. Das Timmelsjoch (2509 m, Wintersperre!) und der Jaufenpass (2094 m) bilden die Verbindung zu den österreichischen Nachbarn im Ötztal und zum Sterzinger Gebiet. Trotz des Fremdenverkehrs hat sich das Tal seine Ursprünglichkeit erhalten. Es gibt hier noch elf sogenannte Schildhöfe der Bauernadeligen aus dem 13. Jh., einige mit Schloss- oder Burgencharakter. Am Taleingang in *Riffian* sind in der *Wallfahrtskirche zur schmerzhaften Muttergottes* bedeutende sakrale Kunstwerke und gotische Fresken im „höfischen Stil" des 15. Jhs. zu sehen.

SEHENSWERTES

MUSEUM PASSEIER

Vor St. Leonhard liegt das alte *Gasthaus Sandwirt*, das Heimathaus des berühmten Freiheitskämpfers Andreas Hofer, der 1809 die Rebellion der Tiroler gegen die Franzosen anführte. Das Museum zeigt Erinnerungsstücke und Impressionen aus dem früheren bäuerlichen Leben. *Ostern–Allerheiligen Di–So 10–18, Aug./Sept. auch Mo 10–18 Uhr | Eintritt 5 Euro | St. Leonhard in Passeier | Passeierstr. 72 | www.museum.passeier.it*

ESSEN & TRINKEN

Insider Tipp HASELSTAUDE

Die urige Gastwirtschaft liegt ganz im Grünen. Die Küche serviert Grillteller, Nudelgerichte oder hausgemachten Kuchen, beim sonntäglichen Frühschoppen gibt's Musik und Tanz. Auch Zimmer und eine Ferienwohnung können gebucht werden. *April–Okt. tgl., Nov.–März Schankbetrieb ab 16 Uhr | St. Leonhard | Haselstaudeweg 6/7 | Tel. 04 73 64 12 48 | www.haselstaude.it | €*

FREIZEIT & SPORT

PASSERRADWEG

Der Radweg von Meran bis St. Leonhard (18 km) ist einer der wenigen noch nicht asphaltierten Radwege Südtirols. *350 Höhenmeter | Infos in den Tourismusbüros*

RANGGELN

Das Passeiertal ist eine der Hochburgen des Ranggelns, einer bodenständigen Variante des Ringsports. Die regelmäßigen Turniere und Ländertreffen sind wie ein einziges großes Volksfest. Infos: *Gottfried Pichler | St. Martin | Gasthof Haselstaude | Tel. 04 73 64 12 48*

REITEN

Auf dem *Sandhof (Passeirerstr. 66 | Tel. 04 73 65 62 72)* in St. Leonhard können Reiter mit eigenem Pferd Urlaub machen, Kutschfahrten und Tagesausritte werden auch angeboten. Gäste können im benachbarten *Hotel Klotz* übernachten *(21 Zi. | Tel. 04 73 65 61 79 | Fax 04 73 65 66 36 | www.hotelklotz.it | €).*

AUSKUNFT

Tourismusverein Passeiertal | St. Leonhard in Passeier | Passeirerstr. 40 | Tel. 04 73 65 61 88 | Fax 04 73 65 66 24 | www.passeiertal.it

> WO KAISER UND KÖNIGE REISTEN

Im Eisacktal, dem Tor zu Italien, wird Gastfreundschaft großgeschrieben

> Das Eisacktal ist nicht nur Transitstrecke in den Süden, nach Bella Italia: Es ist umrahmt von hochalpiner Welt – darunter im Osten auch die berühmten, sagenumwobenen Dolomiten.

Ansiedlungen mittelalterlichen Charakters verbinden sich im Tal mit einem modernen Mix aus Tirolischem und Italienischem. Speisekarten und Trinkgewohnheiten zeigen es deutlich: Wir sind bereits im Land von Spaghetti und Espresso. Im Tal liegt gleich ein Trio von Städtchen aufgereiht wie Perlen an der Schnur: Sterzing in einer Senke hinter dem Brenner; Brixen in einem weiten, von Reben eingerahmten Talkessel; Klausen, noch etwas südlicher, bildet das Tor zur Dolomitenwelt.

BRIXEN

[121 D4] **Weinreben an den Hängen geben der geschichtsträchtigen Kleinstadt Bri-**

Bild: der Dom von Brixen

EISACK TAL

xen (18 600 Ew.) einen südlichen Akzent. Seit die Universitäten Bozen und Padua eine Zweigstelle nach Brixen verlegt haben, hat sich der etwas behäbige Bischofssitz durch die vielen Studenten zu einem lebhaften Städtchen gemausert.

SEHENSWERTES

DIÖZESANMUSEUM/HOFBURG

In der sehenswerten Hofburg zeigt das Diözesanmuseum einen repräsentativen Querschnitt der sakralen Kunst Südtirols. *Mitte März–Okt. Di–So 10–17 Uhr | Eintritt 7 Euro | Krippensammlung: 27. Nov.–19. Dez. tgl. 10–17 Uhr, 20. Dez.–31. Jan. tgl. 14–17 Uhr (außer 24. u. 25. Dez.) | Eintritt 4 Euro | Hofburgplatz 2 | www.hofburg.it*

DOM UND KREUZGANG ★

Dem barocken Neubau des Doms (1745–54) musste der romanische

Vorgänger – ursprünglich ein ottonischer Bau, der um 1200 neu gestaltet worden war – fast vollständig weichen. Das Langhaus und den Chor zieren Deckengemälde von Paul Troger aus dem 18. Jh., während sich im Kreuzgang die gotischen Fresken mit Szenen aus der Heiligen Schrift, entstanden zwischen 1390 und 1510, zu einer Bilderbuchbibel fügen. *Tgl. 9–12 u. 14–18 Uhr, kostenlose Führungen: Ostern–Allerheiligen an Werktagen 10.30 u. 15 Uhr*

ESSEN & TRINKEN

FINK

Im traditionsreichen Restaurant in der Altstadt kommt verfeinerte bodenständige Kost wie die Eisacktaler Weinsuppe auf den Tisch. *Di abends u. Mi geschl. | Kleine Lauben 4 | Tel. 04 72 83 48 83 | www.restaurant-fink.it* | €€€

FINSTERWIRT

Das historische Wirtshaus mit Innenhof und Künstlerstübele bietet lokale und mediterrane Küche. *So abends u. Mo geschl. | Domgasse 3 | Tel. 04 72 83 53 43 | www.finsterwirt.com* | €€

Gemütlich: In den Lauben von Brixens Altstadt verstecken sich Restaurants und Cafés

ÜBERNACHTEN

HOTEL ELEPHANT

Hier logieren die Gäste inmitten schöner holzgetäfelter Stuben und Sälen mit antiker Einrichtung. *44 Zi. | Weißlahnstr. 4 | Tel. 04 72 83 27 50 | Fax 04 72 83 65 79 | www.hotelelephant.com* | €€€

STADTHOTEL TALLERO
Beim jüngst renovierten Hotel der Familie Girardi verbindet sich das mittelalterliche Flair der Altstadt mit dem modernen Design der Inneneinrichtung. *19 Zi. | Altenmarktgasse 35 | Tel. 04 72 83 05 77 | Fax 04 72 20 12 04 | www.tallero.it | €*

AM ABEND

MAX
Die große Disko zieht an den Wochenenden die Jugend an, am Donnerstag die älteren Semester. *Fischzuchtweg 30 | www.discomax.com*

AUSKUNFT

TOURISMUSVEREIN
Regensburger Allee 9 | Tel. 04 72 83 64 01 | Fax 04 72 83 60 67 | www.brixen.org

ZIELE IN DER UMGEBUNG

AUGUSTINER CHORHERRENSTIFT NEUSTIFT ★ [121 D3]
Die größte Klosteranlage Südtirols (3 km nördlich von Brixen) ist auch berühmt für ihren Eisacktaler Weißwein. *Führungen Mo–Sa 10, 11, 14, 15, 16, Mitte Juli–Mitte Sept. auch 12, 13 Uhr, Jan.–März Mo nach Reservierung | Eintritt 5,50 Euro | Vahrn | Stiftstr. 1 | www.kloster-neustift.it*

BURG RODENEGG [121 E3]
Erst 1973 wurden in der Burg Rodenegg (14 km nordöstlich von Brixen) die sehenswerten Fresken zur „Iwein-Sage" nach dem Epos von Hartmann von Aue (Anfang 13. Jh.) entdeckt. Es sind die ältesten profanen Fresken im deutschen Sprachraum. *Führungen: 1. Mai–15. Okt. So–Fr 11 u. 15, Mitte Juli–Ende Aug. auch 16 Uhr | Eintritt 4 Euro | Rodeneck*

KLAUSEN

[121 D4–5] **18 km südlich von Brixen hat sich in der Talenge am Eisackfluss das historische Städtchen Klausen (4600 Ew.) seinen Platz gesucht.** Der Bergbau hat die Bürger reich gemacht, und so scharen sich schöne alte Häuser um den felsigen Burghügel von Säben. An seinem Aufgang liegt die *Burg Branzoll.*

MARCO POLO HIGHLIGHTS

★ Dom und Kreuzgang
Die Kunst aller großen Tiroler Meister – in Brixen leuchtet sie in Form wunderschöner Fresken (Seite 53)

★ Stadtzentrum
Sterzing wartet mit kunsthistorischen Schätzen auf (Seite 58)

★ Bergbaumuseum
Der Trip in den Stollen ist nicht nur bei Schlechtwetter spannend (Seite 59)

★ Augustiner Chorherrenstift Neustift
Nicht nur die barocke Baukunst der größten Klosteranlage Südtirols ist vom Feinsten, der klostereigene Weißwein ist es ebenfalls (Seite 55)

★ Seiser Alm
Blumenmeer, Wanderparadies, Klettergenuss: Europas größte Hochalm ist der ideale Ort, um die Bergwelt zu genießen und um neue Energie zu tanken (Seite 57)

SEHENSWERTES

STADTMUSEUM

Die bekannteste Sammlung des Museums im Kapuzinerkloster ist der Loretoschatz, gestiftet von der spanischen Königin Maria Anna. *März–Mitte Nov. Di–Sa 9.30–12 u. 15.30–18 Uhr | Eintritt 4 Euro | Frag 1*

ESSEN & TRINKEN

JASMIN

Das Restaurant verwöhnt mit Degustations- und Fischmenüs und mit Spitzenweinen. *Di geschl. | Klausen | Griesbruck 4 | Tel. 04 72 84 74 48 | www.bischofhof.it | €€€*

ÜBERNACHTEN

Insider Tipp

HOTEL GOLDENER ADLER

Das moderne Haus im venezianischen Stil beherbergt auch das gute Restaurant *Adlerstube (Mi geschl.). 21 Zi. | Frag 14 | Tel. 04 72 84 61 11 | Fax 04 72 84 62 34 | www.goldeneradler.it | €€€*

>LOW BUDGET

- Das sympathische, pfiffige *Tapas Bistro* ist zentral gelegen, serviert werden preiswerte Appetithäppchen und Bruschette. *So geschl. | Brixen | Kreuzgasse 2 | Tel. 04 72 20 10 30*
- Die Besichtigung des wuchtigen *Klosters Säben*, auf halbstündigem steilem Fußweg von Klausen aus zu erreichen, kostet keinen Eintritt. *Gnadenkapelle, Kreuzkirche und Klosterkirche: tgl. 8–17 Uhr | Liebfrauenkapelle: Fastenzeit-Ende April So 14–17, Mai, Juni Sa 14–17, Juli, Aug. Di, Fr, Sa 15–18, Sept.- Okt. Di, Fr, Sa 14–17, Nov. Fr–Sa 14–17 Uhr*
- *Vahrner See:* Der kleine Weiher ermöglicht kostenfreies Badevergnügen. *Nahe der Autobahnausfahrt Brixen-Pustertal.*

AUSKUNFT

TOURISMUSVEREIN

Thinneplatz 6 | Tel. 04 72 84 74 24 | Fax 04 72 84 72 44 | www.klausen.it

ZIELE IN DER UMGEBUNG

DREIKIRCHEN [120–121 D5]

Insider Tipp

Von Barbian (10 km südlich von Klausen) führt ein steiler Fußweg zum ehemaligen Heilbad Dreikirchen, einem magischen Ort mit drei ineinander geschachtelten Kirchlein *(Schlüssel für die Besichtigung im Gasthaus Messner, gleich nebenan)* und zwei guten Gasthäusern, darunter auch der *Gasthof Bad Dreikirchen (25 Zi. | Barbian | St. Jakob 6 | Tel. 04 71 65 00 55 | Fax 04 71 65 00 44 | www.baddreikirchen.it | €).*

TROSTBURG [121 D5]

Bei Waidbruck (7 km südlich von Klausen) liegt markant auf einem Felssporn die mächtige Trostburg, einst im Besitz der Grafen von Wolkenstein. Beachtenswert ist der schöne Rittersaal mit seiner geschnitzten Holzdecke. *Führungen: April–Okt. Di–So 11, 14, 15 Uhr, Juli/Aug. auch 10 u. 16 Uhr | Eintritt 5 Euro | Schlossweg 6*

SCHLOSS VELTHURNS [121 D4]

Das Renaissanceschloss Velthurns (6 km nördlich von Klausen) mit seinen Fresken und dem getäfelten Prunksaal war früher die Sommerresidenz der Fürstbischöfe von Brixen. *Führungen: März–Nov. Di–So*

10, 11, 14.30, 15.30 Uhr, Mitte Juni–Mitte Sept. auch 16.30 Uhr | Eintritt 3 Euro | Feldthurns | Dorf Nr. 1

VILLNÖSS [121 D–E 4–5]

Villnöß (2400 Ew., 18 km von Brixen) ist die Heimat des Extrembergsteigers Reinhold Messner. Am Ende des vom Eisacktal nach Osten hin abzweigenden Tals beginnt der *Naturpark Puez Geisler*, ideal für Naturliebhaber, Wanderer und Kletterer. Auskunft: *Tourismusverein Villnöß | St. Peter 11 | Tel. 04 72 84 01 80 | Fax 04 72 84 15 15 | www.villnoess.info*

SEISER ALM/ SCHLERNGEBIET

[120–121 C–D 5–6] **Zwischen Bozen und Brixen breitet sich auf ca. 1000 m Höhe das Schlerngebiet mit den Dörfern Kastelruth, Seis (zusammen 6000 Ew.) und Völs (3000 Ew.) aus.** Die markante Gipfelform des Schlern ist eines der Wahrzeichen Südtirols. Eine moderne Kabinenumlaufbahn *(www.seiseralmbahn.it)* führt von Seis auf die ★ *Seiser Alm (www.seiseralm.it)*, ein 56 km² großes, äußerst beliebtes Landschaftsschutzgebiet und die größte Hochalm Europas.

SEHENSWERTES

BURG HAUENSTEIN [121 D6]

Die Ruine steht südöstlich von Seis auf einem Felsenzacken. Im 15. Jh. wurde sie vom Minnesänger Oswald von Wolkenstein bewohnt. Sie ist von Seis aus auf einem Spaziergang zu erreichen *(45 Minuten | Eintritt frei)*.

Kachelofen in der Ecke, kostbare hölzerne Intarsien an der Decke: Schloss Velthurns

SCHLOSS PRÖSELS [120 C6]

Um 1500 war der mächtige Leonhard von Völs Landeshauptmann von Tirol und baute das prächtige Schloss bei Völs am Schlern. Es beherbergt eine Sammlung von Waffen, Bildern und antikem Mobiliar. *Tgl., Besichtigung nur mit Führung Mai u. Okt. 11, 14, 15, Juni u. Sept. auch 16, Juli/Aug. 10, 11, 15, 16, 17 Uhr | Anmeldung unter Tel. 04 71 60 10 62 | Eintritt 5 Euro | www.schloss-proesels.it*

ESSEN & TRINKEN

RESTAURANT TROTZSTUBE

Das Restaurant liegt ruhig und mit guter Aussicht etwas oberhalb vom Seiser Zentrum. Die Küche besteht aus einem Mix aus einheimischer und italienischer Kost – im Sommer auch im Garten zu genießen. *Mo geschl. | Seis am Schlern | Patener Weg 4 | Tel. 04 71 70 64 36* | €

ÜBERNACHTEN

HOTEL HEUBAD

Im komfortablen Hotel wird die Tradition der wohltuenden und anregenden Almheubäder gepflegt. Badehaus, Wellnessabteilung, Sauna. *44 Zi. | Völs | Schlernstr. 13 | Tel. 04 71 72 50 20 | www.hotel-heubad.com* | €€

AUSKUNFT

TOURISMUSVERBAND SEISER ALM

Seis am Schlern | Rosengartenstr. 2 | Tel. 04 71 70 96 00 | Fax 0471 704199 | www.seiseralm.it

STERZING

[120 C2] **Sterzing erlebte seine Blütezeit im Mittelalter zur Zeit der Fugger, einer reichen Bankiers- und Kaufmannsfamilie aus Augsburg.** Es war ein beliebter Aufenthaltsort für Kaiser und Könige. Heute ist die Stadt reich an kunsthistorischen Kostbarkeiten wie z.B. dem *Multscher Altar*. Der mittelalterliche Stadtkern mit Erkern und Treppengiebeln ist gut erhalten.

SEHENSWERTES

BURG REIFENSTEIN

Am südwestlichen Stadtrand liegt auf einer Anhöhe die imposante Burg Reifenstein, eine der am besten erhaltenen Burgen Südtirols. *April–Okt. Führungen: So–Fr 10.30, 14, 15 Uhr, Mitte Juli–Mitte Sept. auch 16 Uhr | Eintritt 5 Euro | Freienfeld | Sterzinger Moos*

STADTZENTRUM ★

Den Mittelpunkt Sterzings markiert der Zwölferturm, er trennt den mittelalterlichen Teil der Altstadt von der „Neustadt", die um 1500 in gotischem Stil erbaut wurde. Den Hauptaltar der Stadtpfarrkirche *Unsere liebe Frau im Moos (tgl. 9–19 Uhr)* zieren fünf Figuren des schwäbischen Künstlers Hans Multscher. In der *Hl.-Geist-Spitalkirche (Mo–Fr 8.30–12 u. 14.30–18, Sa 8.30–12 Uhr)* am Stadtplatz sind spätgotische

> KASTELRUTHER SPATZEN

Auf zur musikalischen Pilgerstätte

Der namensgebende Ort der überaus erfolgreichen Volksmusiker Kastelruther Spatzen ist immer noch die Heimat ihres Frontmanns Norbert Rier. Hier können Fans die private Seite des Sängers und Nebenerwerbslandwirts kennenlernen. Und seit 25 Jahren wird Jahr für Jahr das „Spatzenfest" im Oktober gefeiert, ein Event, bei dem die Musiker an drei Tagen Konzerte für ihre Fans geben. Spatzen-Trompeter Walter Mauroner betreibt den *Fan-Shop (Dolomitenstr. 3)* mit T-Shirts, Tassen und sämtlichen Spatzen-CDs.

Stadtmittelpunkt und Wahrzeichen von Sterzing: der Zwölferturm

Fresken des Südtiroler Malers Hans von Bruneck zu sehen.

STÄDTISCHES MULTSCHER MUSEUM

Im Deutschordenshaus finden sich u. a. Teile des spätgotischen Flügelaltars von Hans Multscher. *April–Okt. Di–Sa 9.30–12.3 u. 14–18 Uhr | Eintritt 2,50 Euro | Deutschhausstr. 11*

ESSEN & TRINKEN

Insider Tipp

KLEINE FLAMME

Burkhard Bacher bietet einen phantasievollen Mix aus Tradition und internationaler Küche. *Tgl. | Neustadt 31 | Tel. 04 72 76 60 65 | €€€*

ÜBERNACHTEN

HOTEL LILIE

Das komfortable Haus aus dem Spätmittelalter zählt zu Sterzings schönsten. *15 Zi. | Neustadt 49 | Tel. 04 72 76 00 63 | Fax 04 72 76 27 49 | www.hotellilie.it | €€*

AUSKUNFT

TOURISMUSVEREIN

Stadtplatz 3 | Tel. 04 72 76 53 25 | Fax 04 72 76 54 41 | www.infosterzing.com

ZIEL IN DER UMBGEBUNG

RIDNAUNTAL [120 B2]

Von Sterzing zieht sich das angenehm ruhige Ridnauntal nach Westen, am Talschluss findet sich das Bergwerk am Schneeberg, das heute ein ★ *Bergbaumuseum* ist. *April–Okt. Di–So 9.30–16.30 Uhr | Eintritt 8 Euro | Maiern 48 | www.bergbaumuseum.it/ridnaun*

Im Schloss Wolfsthurn beim Talhauptort Ratschings, dem einzigen reinen Barockschloss Südtirols, wurde das *Südtiroler Jagd- und Fischereimuseum* eingerichtet. *1. April–15. Nov. Di–Sa 9.30–17.30, So 13–17 Uhr | Eintritt 4 Euro | Ratschings | Mareit 5 | www.wolfsthurn.it*

> AM SCHNITTPUNKT DER KULTUREN

Dolomitengipfel, unberührte Landschaft und viele Weinberge umgeben die vitale Landeshauptstadt

> Bozen, die Landeshauptstadt der gleichnamigen autonomen Provinz, liegt im Süden Südtirols in einem schönen Talkessel. An wichtigen Handelsrouten gelegen, ist die Stadt schon seit jeher lebendig und belebt und ein idealer Ort für Geschäfte, Firmensitze, Messen. Hier tummeln sich auch die Studenten der dreisprachigen Universität, und das Angebot an kulturellen Veranstaltungen wächst stetig. Die sonnigen Gebirgsrücken des Ritten und des Tschögglbergs sowie die Sarntaler Alpen sind die nächsten Wandergebiete und beliebte Sommerrefugien. In wenigen Kilometern Entfernung liegen die Dolomitengipfel des Rosengarten- und Latemargebiets.

BOZEN

[124 B–C3] **Bozen hat eine lange Tradition als Handelsstadt. Bereits im Mittelalter und in der frühen Neuzeit trafen sich hier**

Bild: Fresko in Schloss Runkelstein in Bozen

BOZEN UND UMGEBUNG

die Kaufleute von nördlich der Alpen mit jenen aus Italien. Seit dem Ende des Zweiten Weltkriegs und der Verleihung des Autonomiestatus' innerhalb Italiens an die Provinz Bozen hat die malerische Stadt als Verwaltungszentrum immer mehr an Bedeutung gewonnen. Von den 100 000 Ew. der Landeshauptstadt stellen die Italiener die Mehrheit und den Bürgermeister. Die junge Universität und das moderne Gewerbegebiet ziehen Studenten und Arbeitskräfte aus vielen Ländern an – so lockert sich die Polarität zwischen deutsch- und italienischsprachiger Bevölkerung auf.

SEHENSWERTES

ALTE GRIESER PFARRKIRCHE

Die gotische Pfarrkirche im Stadtteil Gries enthält einen kostbaren Flügelaltar des berühmten Holzschnitzers Michael Pacher und ein romanisches Kruzifix aus dem 13. Jh. *April–Okt.*

BOZEN

Gibt sich jung: Bozens ehrwürdige Altstadt

Mo–Fr 10.30–12 u. 14.30–16 Uhr | M.-Knoller-Straße

DOM

Der Dom wird von den Boznern auch „Pfarrkirche“ genannt. Er wurde um 1500 erbaut, sein 62 m hoher, filigraner Turm ist Wahrzeichen der Stadt. Wertvolle sakrale Kunstwerke zeigt die Domschatzkammer *(Di–Sa 10–12 Uhr | Eintritt 4 Euro). Pfarrplatz 27*

KLOSTER MURI-GRIES

Den Grieser Platz im Westen der Stadt beherrscht die mächtige Benediktinerabtei. In die Anlage des Klosters ist die barocke, von Martin Knoller ausgestattete *Stiftskirche* (um 1770) integriert. *Eintritt frei | Grieser Platz 21*

LAUBENGASSE UND OBSTPLATZ ★

Die „Lauben“ durchziehen die Altstadt von Ost nach West. Ihre schmalen Häuser stammen zumeist aus der späten Gotik. Der barocke Bau des Merkantilgebäudes in der Mitte der Gasse enthält das *Merkantilmuseum (Mo–Sa 10–12.30 Uhr | Eintritt 4 Euro | Laubengasse 39)*. Die Gasse mündet in den Obstplatz, von Montag bis Samstag sind hier die Stände mit Gemüse-, Obst- und anderen Spezialitäten üppig beladen.

MMM FIRMIAN

Das zentrale Bergmuseum von Südtirols berühmtestem Bergsteiger Reinhold Messner befindet sich auf Schloss Sigmundskron und erzählt von der Entstehung, Erhabenheit und Eroberung der Gebirge. *März–Nov. Di–So 10–18 Uhr | Eintritt 8 Euro | Sigmundskroner Str. 53*

NATURMUSEUM SÜDTIROL

Die Entwicklung der vielfältigen Fauna und Flora Südtirols wird auf zwei Etagen und über 1000 m² Ausstellungsfläche spielerisch erklärt. *Di–So 10–18 Uhr | Eintritt 5 Euro | Bindergasse 1 | www.naturmuseum.it*

SCHLOSS RUNKELSTEIN

Die um 1237 erbaute Burg mit ihrer gemütlichen Schlossschänke liegt im

Norden der Stadt am Eingang zur Sarnerschlucht und verfügt über den größten erhaltenen profanen Freskenzyklus des Mittelalters. *März–Jan. Di–So 10–18 | Eintritt 8 Euro*

SÜDTIROLER ARCHÄOLOGIEMUSEUM ★

Die Gletschermumie „Ötzi" ist absoluter Mittelpunkt im Museum, das rund um diesen Fund viel Wissenswertes zur Ur- und Frühgeschichte Südtirols zeigt. *Di–So 10–18 Uhr | Eintritt 9 Euro | Museumstr. 43 | www.archaeologiemuseum.it*

ESSEN & TRINKEN

BATZENHÄUSL ▶▶

Das historische Gebäude mit moderner Innenausstattung hat sich zum jungen Szenetreff gemausert. Kleiner Garten. *Tgl. | Andreas-Hofer-Str. 30 | Tel. 04 71 05 09 50 | €*

LAURIN

Internationale, heimische und italienische Gerichte werden im gepflegten Restaurant serviert. Schöner Park. *So mittags geschl. | Laurinstr. 4 | Tel. 047 13 10 00 | €€*

WEISSES RÖSSL

In diesem Traditionslokal wird bis 24 Uhr bodenständige Tiroler Küche aufgetischt. *Sa, So geschl. | Bindergasse 6 | Tel. 04 71 97 32 67 | €*

EINKAUFEN

ENOVIT Insider Tipp

Bozner Weinklassiker wie der süffige rote St. Magdalener und der dunkle, gehaltvolle Lagrein sind die Stars der Vinothek. *Dr.-Streiter-Gasse 30*

GÄRTNEREI SCHULLIAN

Mediterrane Pflanzen sind ein schönes Mitbringsel, ein Bummel durch diese Traditionsgärtnerei ist wie eine Reise in den Süden. *Meraner Str. 75*

SEIBSTOCK

Feinschmecker finden hier italienische Delikatessen wie feine Wurstwaren, verschiedene Käsesorten, Teigwaren und Öle. *Lauben 50*

ÜBERNACHTEN

ADRIA

Das Hotel liegt nahe dem zentralen Waltherplatz und in Bus- und Zug-

MARCO POLO HIGHLIGHTS

★ Sternwarte und Sonnenobservatorium
Die unmittelbarste Verbindung zwischen Südtirol und dem Weltall liegt in den Dolomiten beim Dörfchen Gummer (Seite 68)

★ Südtiroler Archäologiemuseum
Spannend wie ein Krimi: das Leben des Gletschermannes „Ötzi" und seiner Zeitgenossen vor über 5000 Jahren (Seite 63)

★ Ritten
Sonne, Aussicht, Wandern auf dem Sommerfrische-Berg (Seite 66)

★ Maria Weißenstein
Ein Wallfahrtsort mit unvergleichlichem Panorama (Seite 68)

★ Laubengasse und Obstplatz
Bozens malerische Geschäftsstraße mündet in die Farbenpracht des Obstmarktes (Seite 62)

bahnhofsnähe. *30 Zi. | Perathonerstr. 17 | Tel. 04 71 97 57 35 | Fax 04 71 97 15 54 | www.sudtirol.com/adria* | €€

FIGL

Das stilvoll renovierte Haus mit komfortablen Zimmern und Suiten finden Sie im Herzen der Altstadt. *23 Zi. u. Suiten | Kornplatz 9 | Tel. 04 71 97 84 12 | Fax 04 71 97 84 13 | www.figl.net* | €€€

GREIF

Hinter historischer Fassade verbirgt sich ein modernes Hotel, in dem jedes Zimmer von einem Künstler gestaltet wurde. *33 Zi. u. Suiten | Waltherplatz | Tel. 04 71 31 80 00 | Fax 0471 318148 | www.greif.it* | €€€

HANNY

Das hübsche Hotel im Norden der Stadt ist gänzlich von Weingärten umgeben. *18 Zi. | St. Peter 4 | Tel. 04 71 97 34 98 | Fax 04 71 30 04 74 | www.hotelhanny.it* | €€

MONDSCHEIN

Zum renovierten historischen Haus gehören ein schöner Gastgarten und eine Parkgarage. *78 Zi. | Piavestr. 15 | Tel. 04 71 97 56 42 | Fax 0471 975577 | www.hotel-luna.it* | €€€

HOTEL ZUR PFLEG

Ruhig am Ortsrand von Leifers gelegen (nur 10 Min. von Bozen entfernt) ist das Hotel eine schöne und günstige Übernachtungsadresse. *15 Zi. u. 16 Apt. | Leifers | Weißensteiner Str. 94 | Tel. 04 71 95 41 29 | Fax 04 71 59 31 69 | www.pfleg.it* | €

>LOW BUDGET

- Die *Stadtgalerie (Dominikanerplatz 18)*, die *AR/GE Kunst Museumsgalerie (Museumsstr. 29)* und viele kleinere Galerien in der Bozner Altstadt zeigen wechselnde Ausstellungen bei freiem Eintritt.
- Ende Juni, Anfang Juli steht Bozen ganz im Zeichen der Musik: Beim Festival *Südtirol Jazzfestival* treten an verschiedenen Veranstaltungsorten – oft auf den Plätzen der Stadt – internationale Jazzgrößen auf. *Infos: www.suedtiroljazzfestival.com*
- Wollen Sie Italienisch lernen? Das *Kulturzentrum Centro Trevi* verleiht kostenlos MP3-Player mit einem integrierten Sprachlernprogramm: Knopf ins Ohr und hinein ins Sprachabenteuer! Wer selbst den MP3-Player mitbringt, kann die Sprachkurse auch kostenlos laden. *Kapuzinergasse 28 | Bozen | Tel. 04 71 30 09 80 | www.provincia.bz.it/cultura*

AM ABEND

CAFÈ BOULEVARD

Das Lokal im Altstadtzentrum ist Pub und Bistro in einem, mit Aperitifs von 18 bis 20 Uhr und auf Vorbestellung auch Fischgerichten. *Mo–So 18–1 Uhr | Goethestr. 20 | Tel. 04 71 30 04 15*

CARAMBOLAGE

Das Kellertheater mit wechselndem Programm (auch Kabarett und Musik) ist ein Treffpunkt für junge Leute und Junggebliebene. *Im Hochsommer geschl. | Silbergasse 19 | Tel. 04 71 98 17 90*

FILMCLUB
Im Capitol-Kino gibt es neben anspruchsvollen aktuellen Produktionen auch deutschsprachige Filme zu sehen. *Dr.-Streiter-Gasse 8d | www.filmclub.it*

Blick auf Bozen. In Serpentinen geht es bergauf, vorbei an mediterraner Pflanzenpracht. *Start: Alte Grieser Pfarrkirche | Gehzeit 1,5 Std. | 250 Höhenmeter | über die Fagenschlucht zur Rundwanderung ausdehnbar*

Waltherplatz: der Sockel des Walther-von-der-Vogelweide-Denkmals, hinten der Dom

HOPFEN & CO
Bozens einzige Gasthofbrauerei bietet regelmäßig Livemusik. *Mo–Sa 9.30–1 Uhr | Obstplatz 17*

NADAMAS
Es trifft sich die Jugend zum Feiern, Essen, Trinken – laut, aber gemütlich. *Mo–Sa 9–1 Uhr | Obstplatz 44*

FREIZEIT & SPORT

PROMENADENWEG
Insider Tipp
Die Heinrichspromenade im Westen der Stadt hat den vielleicht schönsten

RADFAHREN
Bozen ist eine der fahrradfreundlichsten Städte Italiens. Probieren Sie's aus, die Fahrradverleihstelle liegt nahe dem Waltherplatz (Bahnhofallee). *April–Sept. Mo–Sa 7.30–20, Okt. bis 19 Uhr | 6 Std. 1 Euro, mehr als 6 Std. 2 Euro*

AUSKUNFT

VERKEHRSAMT
Waltherplatz 8 | Tel. 04 71 30 70 00 | Fax 04 71 98 01 28 | www.bolzano-bozen.it

■ ZIELE IN DER UMGEBUNG ■

RITTEN ★ [124 C2]

Der breite Gebirgsrücken des Ritten liegt zwischen dem Sarntal im Norden und dem Eisacktal im Osten. Seine größeren Orte wie *Klobenstein, Oberbozen, Unterinn* und *Wangen* liegen ca. 1000 m über der Bozner Talsohle. Die wunderbare Aussicht und die sonnige Lage machen den Ritten seit jeher zur Sommerfrische der Bozner und zum beliebten Reiseziel für Feriengäste. Von Bozen aus führt eine Seilbahn bequem alle 4 Minuten nach *Oberbozen (Rittner Str. 12 | Fahrplanauskunft: Tel. 04 71 97 84 79 | www.sii.bz.it)* sowie eine gute, kurvenreiche Autostraße (bis Oberbozen 15 km). Bei Klobenstein liegen die berühmten *Rittner Erdpyramiden (s. S. 108).*

Das sorgfältig restaurierte Jugendstilhaus des *Parkhotels Holzner (40 Zi. und Suiten | Ritten | Oberbozen | Tel. 04 71 34 52 31 | Fax 04 71 34 55 93 | www.parkhotel-holzner.com | €€€)* in herrlicher Panoramalage bietet Spielplätze, Streichelzoo, Sauna und vieles mehr.

Eine traumhafte Lage mitten im Grünen zeichnet das *Hotel Ansitz Kematen (21 Zi. u. Suiten | Klobenstein | Kematenstr. 29 | Tel. 04 71 35 63 56 | Fax 04 71 35 63 63 | www.kematen.it | €€)* aus, mit Wald, Wiese, Teich und Dolomitenblick.

Im Sarntal: kleiner Plausch beim Kirchgang

SARNTAL [124 B-C1-3]

Im Norden von Bozen führt eine kurvenreiche Straße durch die Schlucht nach *Sarnthein*, dem auf ca. 1000 m Meereshöhe gelegenen Hauptort des Sarntals (18 km von Bozen). Umgeben von einer hufeisenförmigen Bergkette mit saftigen Weiden und stillen Weilern, besteht sein Reiz in der fast unberührten Landschaft.

Das alte Bauernbadl *Bad Schörgau (28 Zi. u. Suiten | Sarntal | Putzen | Tel. 04 71 62 30 48 | Fax 04 71 62 24 42 | www.bad-schoergau.com | €€€)*, wo schon früher gekneippt wurde, hat sich zum modernen Hotelbetrieb mit Heubädern, Kneippbecken, Wohlfühlmassagen u. v. m. gewandelt. Auskunft: *Tourismusverein Sarntal | Sarnthein | Europastr. 15 | Tel. 04 71 62 30 91 | Fax 04 71 62 23 50 | www.sarntal.com*

TERLAN [124 B3]

Inmitten von üppigen Obst- und Rebanlagen liegt, 11 km nordwestlich von Bozen, Terlan. Neben der hochgotischen, freskengeschmückten Pfarrkirche ist die *Burg Neuhaus (Eintritt frei)* sehenswert, wo die letzte Gräfin von Tirol, Margarethe

Als ob man in einem Bilderbuch spazieren geht: das Sarntal im Sommer

Maultasch, lebte. Die Ruinen thronen auf einem Felssporn und sind über eine Promenade von Terlan aus in einer guten halben Stunde zu Fuß erreichbar.

Insider Tipp

Eine gute Adresse für die Spargelverkostung im Frühjahr ist das stilvolle *Hotel Weingarten (Mitte Jan.–Mitte März geschl. | 22 Zi. | Hauptstr. 42 | Tel. 04 71 25 78 88 | Fax 04 71 25 77 76 | www.hotel-weingarten.com | €€)*. Auskunft: *Tourismusverein Terlan | Dr.-Weiser-Platz 2 | Tel. 04 71 25 71 65 | Fax 04 71 25 78 30 | www.terlan.info*

TSCHÖGGLBERG [124 B2]

Der Tschögglberg ist wie der nahe Ritten der klassische Wanderberg der Bozner Stadtbewohner. Der sonnige Mittelgebirgsrücken trägt auf einem Hochplateau die Dörfer *Jenesien* und *Mölten* (auf rund 1000 m). Die Zufahrt nach Jenesien ist von Bozen aus mit dem Auto über eine breite kurvenreiche Straße (13 km) möglich, eine spannende Alternative ist die Seilbahn *(Rafensteinstr. 15 | Fahrplanauskunft: Tel. 04 71 97 84 36 | www.sii.bz.it)*.

Von der Aussichtsterrasse des *Hotels Restaurant Schönblick (Restaurant Do geschl. | 26 Zi. | Jenesien | Pichl 15 | Tel. 04 71 35 41 27 | Fax 04 71 35 42 77 | www.schoenblick-belvedere.com | €€)* liegen Ihnen Bozen und das Etschtal zu Füßen. Hier kommen einheimische und italienische Gerichte auf den Tisch.

ROSENGARTEN UND LATEMAR

[124–125 C–D 3–4] **Südöstlich von Bozen beherrschen die schroffen Dolomitenmassive des Rosengarten und des Latemar das Landschaftsbild.** Auf 800–1600 Höhenmeter liegen hier die Hauptortschaften *Steinegg, Tiers, Welschnofen, Deutschnofen* und *Obereggen* und sind über Blumau bzw. durch das wildromantische Eggental und das Tierser Tal von Bozen in knapp einer halben Stunde erreichbar. Das Rosengartenmassiv zählt zu den beliebtesten und vielfältigsten Wanderzielen in den Dolomiten. Zur Region gehört auch der *Naturpark Schlern-Rosengarten.* Ausführliche Informationen finden Sie im MARCO POLO Band „Dolomiten".

SEHENSWERTES

MARIA WEISSENSTEIN ★ [124 C4]

Oberhalb von Petersberg, nahe bei Deutschnofen, liegt Südtirols berühmtester Wallfahrtsort Maria Weißenstein. Die barocke Kirche aus dem 17. Jh. ist nicht nur für Pilger ein beliebtes Ausflugsziel in herrlicher Aussichtslage.

Insider Tipp ST. HELENA KIRCHLEIN [124 C4]

Das Kirchlein in herrlicher Panoramalage stammt aus dem 12. Jh. Einzigartig sind die gotischen Fresken aus dem 15. Jh. mit Szenen aus dem Alten und Neuen Testament.

STERNWARTE UND SONNENOBSERVATORIUM ★ [124 C3]

Beim Untereggerhof in *Gummer* befindet sich Südtirols einzige Sternwarte. Bei klarem Himmel gibt es hier jeden Donnerstagabend geführte Besichtigungen. Attraktionen sind auch das Sonnenobservatorium und der 8 km lange *Planetenweg. Führungen: Tel. 04 71 36 13 14 | 5 Euro | www.sternwarte.it*

TSCHAMINTAL [125 D3]

Bei St. Zyprian im Tierser Tal zweigt das romantische Tschamintal ab, das sich an einem Bachbett entlang durch den südlichen Teil des Naturparks Schlern-Rosengarten zieht. Vom Parkplatz bei Weißlahnbad sind es wenige Minuten zur guten Einkehrmöglichkeit *Tschaminschwaige (Tel. 04 71 64 20 10 | €);* von hier geht der Fußweg durch Wald, über Wiesen und zuletzt über steile Kare bis zur *Grasleiten-Hütte* (2134 m). *Gehzeit hin und zurück 5–6 Stunden*

ESSEN & TRINKEN

GASTHOF GASSERHOF

Im gemütlichen Gasthaus am Kirchplatz wurde die antike Bausubstanz aus dem 15. Jh. – etwa die rußige Selchküche mit dem offenen Feuer – um moderne Bauten erweitert. Bodenständige Gerichte, kinderfreundlich, Liege- und Spielwiese. *Mi geschl. | auch 12 Zi. | Eggen | Dorf 16 | Tel. 04 71 61 58 82 | www.gasserhof.it | €*

HOTEL ROSENGARTEN

In dem am Waldrand nahe beim Sessellift ins Rosengartengebiet gelegenen Hotel kocht der Chef selbst. Serviert werden appetitlliche einheimische Küche, Wild und Fischgerichte. *Mo geschl. | auch 22 Zi. | Welschnofen | Rosengarten-Str. 43 | Tel. 04 71 61 32 62 | €€*

ÜBERNACHTEN

ANGERLEALM

Die Angerlealm liegt in sonniger, ruhiger Panoramalage auf 1700 m Höhe und wartet mit gemütlichen Apartments, hofeigenen Produkten und Tieren auf. *6 Apt. | Welschnofen | Karersee am Rosengarten | Tel./Fax 04 71 61 22 24 | www.angerlealm.com | €–€€*

DOLOMITEN RESIDENCE SONNLEITEN

Zumindest äußerlich hat sich der Familienbetrieb verändert: Nach großem Umbau gibt es neben neun Ferienwohnungen auch einen Wellnessbereich samt Hallenbad und Sauna. Die Gäste werden weiterhin persönlich betreut, mit kulinarischen Themenabenden (z.B. jahreszeitliche oder Kräutermenüs) verwöhnt oder sportlichen Angeboten (z.B. Kletter- oder Mountainbikewochen) unterhalten. *Steinegg | Oberdorf 100 | Tel. 04 71 37 65 30 | Fax 04 71 37 66 94 | www.sonnleiten.net | €€*

VÖSTLHOF

Der Hof aus dem 12. Jh. mit seinen gemütlichen Gasträumen gewährt seinen Gästen einen herrlichen Blick auf Rosengarten und Latemar. *6 Zi. u. 4 Apt. | Welschnofen | Zischglweg 2 | Tel. 04 71 61 31 74 | www.voestlhof.com | €*

Im Rosengarten soll die Burg des sagenhaften Zwergenkönigs Laurin liegen

AUSKUNFT

TOURISMUSVERBAND ROSENGARTEN-LATEMAR

Birchabruck | Unterbirchabruck 9b | Tel. 04 71 61 03 10 | Fax 04 71 61 03 17 | www.rosengarten-latemar.com

> DURCH DAS WEINSTRASSENGEBIET

Von der Sonne verwöhnt, strotzt der Süden Südtirols von üppiger Obst- und Rebenpracht

> Die Gegend im Südwesten von Bozen ist überreich mit den Gaben der Natur gesegnet und der Wein ein wichtiger Wirtschaftsfaktor. Hier liegen die größten zusammenhängenden Weinbaugebiete. Kein Wunder, dass die Menschen seit Jahrhunderten diese Landschaft geprägt haben. Üppige Obst- und Weingärten umgeben die lieblichen Dörfer und den Kalterer See, dichte Wälder die Montiggler Seen. Die Südtiroler Weinstraße verbindet die schönen alten Orte und ihre gepflegte Kulturlandschaft.

ÜBERETSCH

[124 B3-4] **Der Waldrücken des Mitterbergs trennt das Unterland vom westlich davon liegenden Überetsch mit den Orten Eppan (13 000 Ew.) und Kaltern (7000 Ew.).** Ihre historischen Zentren kennzeichnet der „Überetscher Baustil" – eine Mischung aus nordischer Gotik und

Bild: Überetsch

ÜBERETSCH UNTERLAND

südlicher Renaissance, mit verzierten Portalen und Erkern, Loggien, Veranden und schönen Innenhöfen. Etwas südlich des Kalterer Sees endet der Mitterberg, die schroffen Felswände des Mendelgebirges treten ins Blickfeld und steigen fast 2000 m hoch auf.

SEHENSWERTES

Insider Tipp

EPPANER EISLÖCHER

In einer kesselartigen Vertiefung liegen große Felstrümmer, aus deren Höhlen und Spalten ein kalter Luftzug weht – ein interessantes Naturphänomen: Hier bildet sich selbst im Sommer Eis. Vom *Restaurant-Hotel Stroblhof (Tgl. | Eppan | Pigenoerstr. 25 | Tel. 04 71 66 22 50 | €€)* führt ein beschilderter Fußweg in 30 Minuten zu den Eislöchern.

PFARRKIRCHE ST. PAULS

Die prächtige gotische Pfarrkirche in St. Pauls wird auch der „Dom auf dem Lande" genannt. Weithin sichtbar ist ihr Zwiebelturmhelm in barockem Stil.

SCHLOSS HOCHEPPAN ★

Die Ruine thront imposant über dem Etschtal. Sehenswert sind die romanischen, byzantinisch beeinflussten Fresken in der Burgkapelle *(Eintritt nur mit Führung: 4 Euro)*. 1 Stunde Gehzeit vom Parkplatz bei *Missian* (4 km nördlich von Eppan). Verpflegung gibt es in der *Burgschenke (Mitte März–Mitte Sept. Mi geschl. | Tel. 04 71 63 60 81 | €)*.

Hocheppan: freskengeschmückte Wände

SCHLOSS MOOS-SCHULTHAUS

Der Adelssitz verströmt dank seiner Einrichtung das Flair des Mittelalters. Sehr schön auch die Fresken aus der Zeit um 1400. *Ostern–Allerheiligen, Di–Sa Führungen um 10, 11, 16, 17 Uhr | Eintritt 5 Euro | Eppan | Schulthauserweg 4*

SÜDTIROLER WEINMUSEUM ★

Die historische Entwicklung des Weinbaus, der seit über 2000 Jahren Land und Leute prägt, wird mit seltenen und wertvollen Exponaten nachgezeichnet. *April–Mitte Nov. Di–Sa 10–17, So 10–12 Uhr | Eintritt 3 Euro | Kaltern | Goldgasse 1*

ESSEN & TRINKEN

GRETL AM SEE

Trotz großen Andrangs in der Sommerhochsaison gibt es hier stets gepflegte, vorzügliche Küche zu vernünftigen Preisen samt einer bemerkenswerten Weinauswahl. *Mo geschl. | Kaltern | St. Josef am See 18 | Tel. 04 71 96 02 73 | €€*

WEINHAUS PUNKT

Insider Tipp

Im Weinhaus an der Ecke des Marktplatzes, eingerahmt von Pfarrkirche und barocken Bürgerhäusern, werden zu kleinen Imbissen die besten Kalterer Weine degustiert. *Tgl. | Kaltern | Marktplatz 3 | Tel. 04 71 96 49 65 | €*

ZUR ROSE

Für Genießer: Das mit einem Michelin-Stern ausgezeichnete Gourmetlokal von Herbert Hintner ist Eppans Vorzeigeadresse. *So u. Mo-Mittag geschl. | Eppan | Josef-Innerhofer-Str. 2 | Tel. 04 71 66 22 49 | www.zur-rose.com | €€€*

EINKAUFEN

BRENNEREI WALCHER

Die feinen Fruchtbrände und Grappas der Brennerei sind „geistreiche" Souvenirs. *Eppan | Pillhofstr. 99 | www.brennerei-walcher.com*

MERUM
In dieser gut sortierten Vinothek stellt die kompetente Chefin gerne eine Kollektion von lokalen oder nationalen Weinen zusammen. *Eppan | J.-G.-Plazer-Str. 14*

ÜBERNACHTEN

GOLDENER STERN
Das renovierte Hotel ist ein Familienbetrieb in 5. Generation. *April–Okt. | 32 Zi. | Kaltern | Andreas-Hofer-Str. 28 | Tel. 04 71 96 31 53 | Fax 0471 964232 | www.goldener-stern.it* | €€

UNTERHABSBERGERHOF
Der stilvoll renovierte historische Bauernhof liegt ruhig im Montiggler Wald, 10 Gehminuten von den Seen entfernt. *10 Zi. | Montiggl 74 | Tel. 04 71 66 45 29 | Fax 04 71 66 33 95 | www.unterhabsbergerhof.com* | €€

AM ABEND

BAILA
Der Diskopub liegt am Rand von Eppan an der Straße nach Bozen. Publikum: Studentenabende, Abiturientenpartys, Modeschauen. *Eintritt ab 16 Jahren | Do–Sa, jeden 1. Mi des Monats und vor Feiertagen | Boznerstr. 5a | Tel. 04 71 66 50 39 | www.discopub-baila.it*

St. Pauls: geraniengeschmückter Erker

FREIZEIT & SPORT

KALTERER SEE ★
Südlich von Kaltern breitet sich der Kalterer See aus. Der größte See Südtirols erreicht im Sommer Wassertemperaturen von bis zu 28 Grad, ist damit der wärmste See der Alpen und zum Baden, Segeln und Wind-

MARCO POLO HIGHLIGHTS

★ Schloss Hocheppan
Von der wuchtigsten Burganlage Südtirols aus reicht der Blick weit über das Überetsch bis Bozen und Meran (Seite 72)

★ Südtiroler Weinmuseum
Hier gibt es die umfassendsten Informationen zur Geschichte des Weinanbaus in Südtirol (Seite 72)

★ Kalterer See
Die Perle in der Landschaft des Überetsch lädt zum Segeltörn und zum Badespaß (Seite 73)

★ Bletterbachschlucht
Viel mehr als nur eine geologische Entdeckungsreise: Der „Grand Canyon Südtirols" ist auch Unesco-Weltnaturerbe (Seite 77)

surfen ideal. Die öffentlichen Badestrände befinden sich am Westufer. Der *Seerundwanderweg (ca. 8 km | kaum Steigung)* führt durch ein Schilfbiotop.

Insider Tipp **MONTIGGLER SEEN**
In die Föhrenwälder nördlich des Kalterer Sees sind wie dunkle Augen der Kleine und Große Montiggler See eingebettet. Ihre öffentlichen Badestrände sind vom Parkplatz bei *Montiggl* (6 km südöstlich von Eppan) zu Fuß erreichbar.

>LOW BUDGET

- Auf einer Felskuppe nahe dem Ort Altenburg steht die frei zugängliche *Ruine St. Peter* – die wohl älteste Kirchenanlage Südtirols. Ein Steig führt in 15 Minuten von Altenburg aus zu dem magischen Ort.
- Die ruhige Hochfläche des *Fennbergs*, oberhalb von Kurtatsch, schmückt ein idyllischer Badesee. Der frei zugängliche Steg und die Liegewiese finden sich am Westufer.
- *Eppaner Burgenweg*: Der mittelschwere Wanderweg verbindet von Missian aus die Burgen Korb, Hocheppan und Boymont (die Letzteren sind frei zugänglich). Gehzeit 2,5 Stunden, Höhenunterschied 240 m.
- Das *Naturparkhaus* erläutert die Kulturlandschaft und die Kulturgeschichte des Naturparks Trudner Horn. Bemerkenswert ist die funktionstüchtige Elevatormühle. Veranstaltungskalender mit Kindernachmittagen, Getreidemahl- und Brotbacktagen oder Flachsverarbeitung. *April–Nov. Di–Sa 9–12 u. 15–18.30 Uhr, Juli–Sept. auch So | Eintritt frei | Truden | Am Köfl 2*

RADWEG BOZEN–EPPAN–KALTERN
Von Bozen nach Kaltern führt ein schöner Radweg *(Eisackufer-Radweg Bozen Süd)* mit geringer Steigung das Eisackufer entlang. *Bozen Süd | unterhalb von Schloss Sigmundskron nach Eppan | Gesamtlänge 20 km | 160 Höhenmeter*

AUSKUNFT

TOURISMUSVEREINE
Eppan an der Weinstraße | Rathausplatz 1 | Tel. 04 71 66 22 06 | Fax 04 71 66 35 46 | www.eppan.com
Kaltern am See | Marktplatz 8 | Tel. 04 71 96 31 69 | Fax 04 71 96 34 69 | www.kaltern.com

UNTERLAND

[124 B–C 4–6] Von Bozen erstreckt sich das breite Tal der Etsch in Richtung Süden. An den Ausläufern des Mendelgebirges liegen die Dörfer Tramin (3200 Ew.), Kurtinig (650 Ew.), Kurtatsch (2100 Ew.) und Margreid (1200 Ew.). Am anderen Ufer der Etsch finden sich die Orte *Auer* (3000 Ew.), *Montan* (1500 Ew.) und *Neumarkt* (4400 Ew.). Der Felsbuckel von *Castelfelder* oberhalb von Auer vermittelt mit seinen prähistorischen Ruinen, seiner Kargheit und seiner paradiesischen Ruhe einen Hauch des mytischen, mediterranen Arkadien. Darüber, fast an der Sprachgrenze zum Fleimstal im Trentino, liegen auf einer Terrasse in ca. 1200 m Höhe die Dörfer *Aldein, Truden* und *Altrei* (3000 Ew.).

Lärchenwiesen, Hochmoore, der helle Gipfel des Weißhorns und die

Bletterbachschlucht formen die Landschaft, die Teil des 66,5 km² großen *Naturparks Trudner Horn* ist. Weiter südlich liegt bei der Salurner Klause die Sprach- und Provinzgrenze zum italienischsprachigen Trentino.

SEHENSWERTES

DORFMUSEUM TRAMIN

In einem alten Kleinbauernhaus wurde ein Dorfmuseum mit bäuerlichem Gerät und Handwerkszeug eingerichtet. Ebenfalls ein Thema: das Traminer Fasnachtstreiben rund um die Figur des „Egetmanns". *Ostern bis Allerheiligen Di, Mi, Fr 10–12, Mi 16–18 Uhr | Eintritt freiw. Spende | Tramin | Rathausplatz 9*

FENNBERG

Von Kurtatsch am westlichen Etschufer geht es auf den Fennberg, eine Hochfläche mit stillen Wäldern und Wiesen. In einer geschützten Mulde auf 1000 m liegt bei einem adeligen Sommerhaus der höchste Weinberg Südtirols. In der sehenswerten *Schlosskellerei Tiefenbrunner (Kur-Kurtatsch | Schlossweg 4 | Info: 04 71 88 01 22 | www.tiefenbrunner.com)* in Entiklar wird daraus ein ganz besonderer weißer Tropfen gekeltert.

GEOLOGISCHES MUSEUM RADEIN

Im Museum in Oberradein wird die Entstehungsgeschichte der Bletterbachschlucht erklärt. *Mai–Okt. Mi, Sa, So 16–18, Aug. tgl. 11–12 u. 16–18 Uhr | Eintritt 2 Euro Oberradein | Peter-Rosegger-Haus*

MUSEUM ZEITREISE MENSCH

„Von den Steinzeitmenschen zur heutigen Zivilisation" reicht die Ausstellung. *Ostern–Allerheiligen Führung Fr 10 Uhr, sonst nach Voranmeldung unter Tel. 04 71 88 02 67 | Eintritt 4,50 Euro | Ansitz am Orth | Botengasse 2 | Kurtatsch | www.museumzeitreisemensch.it*

Als sei die Zeit stehen geblieben: kopfsteingepflasterte Gasse in Tramin

PINZON

In den Weinbergen 4 km oberhalb von Neumarkt liegt das kleine, verträumte Dörfchen Montan mit seinem Weiler Pinzon. Die gotische Kirche von 1500 enthält einen der schönsten, vom Meister Hans Klocker geschnitzten Flügelaltäre Südtirols. *Schlüssel beim Messner | Tel. 04 71 81 28 71*

ST. JAKOB IN KASTELAZ

Insider Tipp

Ein kunsthistorischer Leckerbissen sind die Fresken im Kirchlein von St. Jakob in Kastelaz bei Tramin aus dem frühen 13. Jh. Besonders beeindruckend ist der Bilderzyklus des sogenannten „Bestiariums". *Ostern bis Allerheiligen tgl. 10–18, im Winter Sa, So 11–16 Uhr | Eintritt 2 Euro | St. Jakob 19*

ESSEN & TRINKEN

Insider Tipp

BAITA GARBA

Nahe dem nördlichen Dorfrand von Salurn liegt die Jausenstation, wo gegrillte Forellen aus dem eigenen Teich und kleine rustikale Gerichte auf die Gartentische kommen. *April–Okt. | Di geschl. | Salurn | Mühlenstr. 96 | Tel. 04 71 88 44 92 |* €

GASTHAUS ZUR ROSE

Neben der erlesenen Küche machen zwei antike Speisezimmer das Flair des Gourmetlokals aus. *So, Mo geschl. | Kurtatsch | Endergasse 2 | Tel. 04 71 88 01 16 | www.baldoarno.com |* €€€

HOFSTÄTTER GARTEN

Die Weinsorte Gewürztraminer hat Tramin weltbekannt gemacht. Im Weinlokal Hofstätter Garten werden nicht nur die exzellenten Weine der Kellerei Hofstätter kredenzt, auch der Schau-Rebengarten ist eine Besonderheit. Das Lokal liegt im Herzen des Dorfes, am Dorfplatz neben der Kirche. *Mi geschl. | Tramin | Rathausplatz 7 | Tel. 04 71 09 00 03 | www.hofstatter.it |* €

ÜBERNACHTEN

GOLDENER LÖWE

Der familiär geführte historische Gasthof befindet sich in *Montan* (4 km oberhalb von Auer). Bei einfacher, guter Küche ist sein Lokal ein beliebter Treffpunkt der Einheimischen. *20 Zi. | Kirchplatz 11 | Tel./*

Weinlese ist harte Arbeit, der Lohn hoffentlich ein süffiger, gehaltvoller Roter

Fax 04 71 81 98 44 | *www.goldenerloewe.it* | €

MANDLHOF
Liebevoll und engagiert geführtes kleines Haus mit schönem Garten, Obst- und Weinhof. *4 Zi.* | *Tramin* | *Mühlgasse 58* | *Tel. 04 71 86 05 23* | *www.mandlhof.com* | €

ZIRMERHOF
Auf 1500 m Höhe punktet der Zirmerhof mit Panoramablick, stilvoller antiker Einrichtung, hervorragender Küche, gut sortiertem Weinkeller und Schwimmbad. *32 Zi.* | *Radein* | *Tel. 04 71 88 72 15* | *Fax 0471 887225* | *www.zirmerhof.com* | €€€

FREIZEIT & SPORT

ETSCHRADWEG
Von Bozens Zentrum aus führt ein Teilstück des Etschradweges *(S. 98)* durch die Region. Bis nach Salurn geht es auf ebener Strecke dahin, am Rand des Weges den Etschdamm entlang sind Rastplätze angelegt. *Streckenlänge Bozen–Salurn 31 km*

KURTATSCHER WEINLEHRPFAD
Die Strecke führt 1,5 km durch Reblandschaft und zeigt alle wichtigen Ereignisse im Weinbaujahr auf. *Geführte Wanderungen jeden Mi* | *Info: Tourismusverein Südtiroler Unterland* | *www.weinlehrpfad.it*

Insider Tipp NATUROASE STEGERHOF
In ruhiger Lage befindet sich die „Naturoase“ des Stegerhofs. Zu den Wellnessangeboten zählen: Heubäder mit Almheu, Bauernsauna, Kraxenofen, Kneippanwendungen und mehr. *Info und Reservierung: Tel. 04 71 86 92 11* | *Truden* | *www.naturoase-stegerhof.com*

AUSKUNFT

TOURISMUSVEREINE
Aldein-Radein: *Aldein* | *Dorfplatz 34* | *Tel. 04 71 88 68 00* | *Fax 04 71 88 66 66* | *www.aldein-radein.it*
Castelfeder, Auer-Montan-Neumarkt-Salurn: *Auer* | *Hauptplatz 5* | *Tel. 04 71 81 02 31* | *Fax 04 71 81 11 38* | *www.castelfeder.info*
Südtiroler Unterland (Kurtatsch, Kurtinig, Margreid): *Kurtatsch* | *Hauptmann-Schweiggl-Platz 8* | *Tel. 04 71 88 01 00* | *Fax 04 71 88 04 51* | *www.suedtiroler-unterland.it*
Tramin: *Tramin an der Weinstraße* | *Julius-von-Payer-Str. 1* | *Tel. 04 71 86 01 31* | *Fax 04 71 86 08 20* | *www.tramin.com*

ZIELE IN DER UMGEBUNG

BLETTERBACHSCHLUCHT ★ [124 C4]
Ein besonderes Naturerlebnis ist die Wanderung durch die enge Schlucht mit ihren rauschenden Wasserfällen. Auf dem Lehrpfad des Geoparcs entlang den steilen Gesteinswänden ist der geologische Aufbau der Dolomiten nachvollziehbar. *Ab Radein oder Aldein/Lahner Alm ausführlich beschildert, Gehzeit je nach Variante 2–3 Stunden* | *www.bletterbach.info*

NATURPARK TRUDNER HORN [124 B–C 5–6]
Nirgendwo in Südtirol sind Fauna und Flora vielfältiger – zu entdecken auf einem dichten Wanderwegenetz. *Naturparkhaus: April–Mitte Nov. Di–Sa 9–12 u. 15–18.30 Uhr, Juli–Sept. auch So* | *Truden* | *Köckschmiedgasse 1* | *www.trudnerhorn.com*

> ALPENGIPFEL UND DOLOMITEN-ZACKEN

Das klimatisch herbe Pustertal ist ideal für den Wintersport – und um der Stadt zu entfliehen

> Das Pustertal ist eine traumhafte Berglandschaft wie aus dem Bilderbuch: satte grüne Wiesen, dicke Bauernhöfe mit hölzernen, im Sommer von Blumen überquellenden Balkonen, stattliche Dörfer und Weiler.

Die Dorfhäuser sind um die Kirche mit dem hohen Turm geschart, die vielen Gasthäuser und Hotels meist dem ländlichen Stil angepasst. Natur und Tradition spielen hier noch die Hauptrolle. Das Kronplatzgebiet bei Bruneck und das Hochpustertal um Innichen haben sich zu einem der leistungsfähigsten Wintersportgebiete der Alpen entwickelt. Im Kontrast zur Natur stehen die modernen Gewerbezonen, die größte davon beim Hauptort Bruneck. Die leutseligen und offenen Talbewohner sind für ihre Tüchtigkeit bekannt; kein Zufall, dass auch Südtirols politische Nummer eins, Landeshauptmann Luis Durnwalder, aus dem Pustertal stammt.

Bild: die Drei Zinnen

PUSTERTAL

BRUNECK

[122 B4] **Bruneck (13500 Ew.) liegt ungefähr in der Mitte des Pustertals und ist Wirtschafts-, Schul-, Verwaltungs- und Tourismuszentrum.** Vor rund 800 Jahren erbaute der Brixner Fürstbischof Bruno die Burg, gründete die Stadt und gab ihr seinen Namen. Die Stadtmauern umschließen sichelförmig den Burghügel, die alten Mauern und Tore sind noch bestens erhalten. Die verkehrsfreie historische Altstadt ist mit ihren Häusern aus der späten Gotik, den vielen Geschäften und Gasthäusern eine Attraktion ersten Ranges.

SEHENSWERTES

FEUERWEHRHELMMUSEUM

Über 700 einzigartige Feuerwehrhelme aus aller Welt hat Franz Josef Mairhofer in seiner Sammlerleidenschaft zusammengetragen und im neuen Feuerwehrhelmmuseum seines Hotels Burgfrieden in Gais ausgestellt. *Juli–Ende Okt. 10–18 Uhr oder nach telefonischer Vereinbarung | Eintritt 3,50 Euro*

auf die Burg. Im Sommer 2010 eröffnete Reinhold Messner hier sein fünftes MMM (MessnerMountain-Museum). *Info: Tourismusverein Bruneck | Tel. 04 74 55 57 22*

Opulente Fassadenmalereien in der Stadtgasse in Bruneck

RAGENHAUS

In der Oberstadt stehen ansehnliche Edelsitze, darunter das Ragenhaus, im 17. Jh. im Renaissancestil umgebaut. *P.-von-Sternbach-Str. 3*

SCHLOSS BRUNECK

Bruneck wird vom mächtigen Schloss gleichen Namens überragt, das schon viele gekrönte Häupter zu seinen Gästen zählte. Vom Ragentor am Ende der zentralen Stadtgasse führt in wenigen Minuten der Schlossweg

STADTGASSE

Die zentrale Stadtgasse von Bruneck ist ein bauliches Kleinod. Das Ursulinen- und das Florianitor sowie die stattlichen Bürgerhäuser mit zinnenbewehrten Fassaden, Fresken und Gedenktafeln zeugen vom Wohlstand ihrer Bewohner.

STADTMUSEUM BRUNECK

Der Schwerpunkt des Stadtmuseums liegt auf der Druckgrafik des 20. Jhs., es hat aber auch sakrale Werke Michael Pachers aus dem 15. Jh. sowie den Flügelaltar von Simon und Veit von Taisten und Holzschnitte von Albrecht Dürer in seiner Sammlung. *Di–Fr 15–18, Sa, So 10–12 Uhr, Juli/Aug. erweiterte Öffnungszeiten | Eintritt 2,50 Euro | Bruder-Willram-Str. 1 | www.stadtmuseum-bruneck.it*

SÜDTIROLER VOLKSKUNDEMUSEUM ★

Auf dem Gelände des schönen Ansitzes Mair am Hof geben über 20 Gebäude einen Einblick in das Leben vergangener Zeiten: Ställe, Stadel, Mühlen, Almhütten mit Stroh- und Schindeldächern. *Mitte April–Okt. Di–Sa 9.30–17.30, So 14–18 Uhr | Eintritt 3,60 Euro | Dietenheim bei Bruneck | Herzog-Diet-Str. 24*

ESSEN & TRINKEN

OBERRAUT

Das Restaurant Oberraut liegt im Weiler Amaten in traumhafter Lage über dem Brunecker Talkessel. Die Preise für die exklusive und vorzügliche Küche sind angemessen, die Zimmer – insgesamt fünf – sehr günstig. *Do geschl. | Bruneck/Aufhofen | Amatner Str. 1 | Tel./Fax 04 74 55 99 77* | €€€

WEISSES LAMM

Das historische Gasthaus in der Altstadt wartet mit bodenständiger Kost auf. Einheimische treffen sich in der mit antiken Bildern dekorierten Künstlerstube im 1. Stock. *So geschl. | Stuckstr. 5 | Tel. 04 74 41 13 50* | €€

EINKAUFEN

KUNSTWEBEREI FRANZ

Nach alten Mustern oder neuen Entwürfen stellt der traditionsreiche Textilbetrieb feine Stoffes her – ideal als Souvenir oder für den eigenen Haushalt. *Michael-Pacher-Str. 9 | Tel. 04 74 55 53 85*

KUNTNER KERAMIK

Seit Generationen ist die Familie Kuntner spezialisiert auf Keramik, die mit traditionellen Motiven bemalt wird. Ein wichtiger Geschäftszweig

MARCO POLO HIGHLIGHTS

★ Erdpyramiden von Percha
Faszinierend: die Natur als Bildhauer (Seite 83)

★ Südtiroler Volkskundemuseum
Südtiroler Vergangenheit in Form originalgetreuer historischer Gebäude (Seite 81)

★ Sexten
Ein Tal voller Naturschönheiten: die Gipfel der Sextner Sonnenuhr und das Fischleintal mit seinem Wanderweg zu den Drei Zinnen (Seite 86)

★ Stiftskirche
Der mächtige Bau steht im Kontrast zu den fragilen Skulpturen und Fresken im Inneren (Seite 84)

★ Pragser Wildsee
Der klare See mit dem imposanten Gipfel des Seekofels darüber ist das reinste Postkartenmotiv (Seite 86)

★ Bergbaumuseum
Ein tiefschürfendes Erlebnis – und ein guter Programmtipp bei Schlechtwetter – ist der Trip in die Stollen (Seite 87)

sind auch die hand- und maßgefertigten Kachelöfen. *Stadtgasse 53 | Tel. 04 74 55 46 84*

MOESSMER TUCHFABRIK

Auch internationale Designer greifen auf diese Loden- und Wollstoffe zurück. *Walther-von-der-Vogelweide-Str. 6 | Tel. 04 74 53 31 11*

ÜBERNACHTEN

PENSION HOCHGRUBER

Die gemütliche und komfortable Pension liegt in Reischach, 100 m von der Seilbahn entfernt. Viel Grün, Garten. *16 Zi. | Seilbahnstr. 5 | Tel. 04 74 54 80 13 | Fax 04 74 54 84 65 | www.pension.hochgruber.com* | €€

HOTEL POST

Nicht erst seit Um- und Neubau ist das Traditionshotel das erste Haus am Platz. *39 Zi. | Graben | Tel. 0474 555127 | Fax 04 74 55 16 03 | www.hotelpost-bruneck.com* | €€–€€€

FREIZEIT & SPORT

Südlich von Bruneck liegt auf einer Terrasse das Örtchen *Reischach*, von hier starten die Aufstiegsanlagen auf den *Kronplatz* (2275 m), den Ski- und Aussichtsberg Brunecks.

GOLF

Landschaftlich reizvoll ist der 9-Loch-Platz des Golfclubs Kronplatz. *Mitte April bis Mitte Nov. | Sportzone Reischach | Tel. 04 74 54 82 89 | www.golfpustertal.com*

AM ABEND

APERO CAFÈ

Die Jugend von Bruneck trifft sich in diesem Lokal, das Teil der Restaurant-Pizzeria „Zum Goldenen Löwen“ ist. *In der Hauptsaison kein Ruhetag, sonst So | Stadtgasse 32 | Tel. 04 74 55 58 34*

WEINKELLER

Laut und hip: Im urigen Lokal in einem alten Gewölbe läuft angesagte Musik. *Mo–Sa 16–24 Uhr | Bruder-Willram-Str. 7 | Tel. 04 74 41 00 45*

AUSKUNFT

TOURISMUSVEREIN

Rathausplatz 7 | Tel. 04 74 55 57 22 | Fax 04 74 55 55 44 | www.kronplatz.com

> BERGBAUGESCHICHTE

Der störrische Stier und der Reichtum

Die Entdeckung des Erzes im Ahrntal verdanken die Bewohner – so will es die Sage – einem störrischen Stier, der auf dem Weg bockte und mit seinen Hörnern funkelnde Steine hervorschaufelte. Die erste belegte Erwähnung des *Bergwerks Prettau* geht auf das Jahr 1426 zurück, als die Erzadern in der Nähe des Rötkreuzes genutzt wurden. Der wachsende Erzabbau spielte in den folgenden Jahrhunderten eine wichtige wirtschaftliche Rolle für das Tal. 1831 wurde Graf Enzenberg Besitzer des Bergwerks. Seiner Familie ist die wertvolle Sammlung an Fundstücken, Grubenkarten und Dokumenten zu verdanken, die das Kernstück des *Museums in Steinhaus* *(s. S. 87)* bildet.

PUSTERTAL

Zinnen, Türme, Kegel und Säulen: Bei Percha betätigt sich die Natur als Bildhauer

ZIEL IN DER UMGEBUNG

ERDPYRAMIDEN VON PERCHA ★ [122 B4]

Bei Percha-Platten (10 km östlich von Bruneck) haben Regen und Wind auf etwa 1600 m Höhe aus lehmhaltigem Moränenschutt eindrucksvolle Figuren herausgewaschen. Die wie von Riesenhand geformten graugelben Erdpyramiden bilden einen effektvollen Kontrast zum grünen Wald. *Ab Oberwielenbach ist die Zufahrt zum Parkplatz bei Platten beschildert, von dort 30 Minuten Gehzeit*

HOCH-PUSTERTAL

[122–123 B–E4] **Östlich von Bruneck zieht sich das Hochpustertal in Richtung Osten hin. Bei *Welsberg* (1300 Ew.) zweigt das *Gsieser Tal* vom Pustertal ab.** Der breite Sattel bei *Toblach* (3300 Ew.) ist eine Wasserscheide: Die Drau, in deren Tal der nächste Ort *Innichen* (3100 Ew.) liegt, fließt Richtung Schwarzes Meer, während die Rienz in die Adria mündet. Kurz nach Innichen ist die Staatsgrenze zu Österreich erreicht. Die Dolomiten treten immer näher und begleiten die südliche Talseite. Hier finden sich das *Pragser Tal* mit dem berühmten Wildsee, und das *Sextner Tal*, ein lebhafter Winter- und Sommerferienort.

SEHENSWERTES

FREMDENVERKEHRSMUSEUM HOCHPUSTERTAL

Das Wassermannhaus in Niederdorf lässt auf drei Etagen die Geschichte des Fremdenverkehrs im Pustertal lebendig werden. *Juli–Sept. Di–So 16–19 Uhr, Dez.–Feb. u. Mai–Juni Fr, So 16–19 Uhr, Sa 9–12 u. 16–19 Uhr | Eintritt 3 Euro | Niederdorf | Hans-Wassermann-Str. 8*

GUSTAV MAHLER STUBE

Der Komponist Gustav Mahler machte vor rund 100 Jahren Sommerferien auf dem *Trenkerhof* in Toblach. *Besichtigung: Haus und Komponierhäuschen | Information: Tourismusverein Toblach, Tel. 04 74 97 21 32; angrenzendes Wildtiergehege: Mitte Juni–Anfang Okt. 9–17 Uhr*

In drei schönen Stuben wird bodenständige Tiroler Küche serviert. *Juni–Okt. und Dez.–März | Altschluderbach 3 | Tel. 04 74 97 23 47 | www.gustav-mahler-stube.dobbiaco.it* | €€

SCHLOSS WELSPERG

Das Stammschloss der Lehensherren von Welsperch beherrscht das Dorfbild, im Sommer werden dort Musik- und Kulturveranstaltungen abgehalten. *Juli–Mitte Sept. Mo–Fr 10–12.30 Uhr, So 16–19 Uhr, Mitte–Ende Sept. Mo–Fr 15–17 Uhr | Schlossstr. 10*

> LOW BUDGET

- *Getreidemühlen:* Entlang des Terenten-Bachs stehen noch alte, wasserbetriebene Mühlen, von denen jeweils eine montags öffentlich zugänglich ist. *Eintrit frei | Juni–Sept. Mo 10–13 Uhr*
- *Moar:* In diesem alten Gasthof mit vielen historischen Einrichtungsgegenständen gibt es günstige, typische Pusterer Gerichte. *Di geschl. | Percha | Oberwielenbach | Tel. 04 74 40 11 77*
- *Kräuterhof Hauser:* Attraktion dieses typischen Pustertaler Bergbauernhofs ist der *Kräutererlebnispfad (Eintritt frei)*. Hier wachsen etwa 80 verschiedene Kräuter, die zu ätherischen Ölen, Tees etc. weiterverarbeitet und ab Hof verkauft werden. *Fam. Dr. Josef Huber | Percha | Wielenberg 20 | Tel. 04 74 40 10 92*

ST. GEORGSKIRCHE Insider Tipp

Die freskengeschmückte St. Georgskirche in Taisten (3,5 km nördlich von Welsberg) ist eine der ältesten Kirchen des Pustertals. Apsis und Grundmauern datieren vermutlich um das Jahr 800. *Schlüssel zur Besichtigung im Nachbarhaus*

STIFTSKIRCHE ★

Im mächtigen Dom (13./14. Jh.) im Innicher Ortskern sind die romanische Kreuzigungsgruppe über dem Hochaltar, das Kuppelfresko und die Krypta mit der hölzernen Statue des hl. Candidus von 1240 einen Besuch wert.

STIFTSMUSEUM

Bereits 769 wurde von Herzog Tassilo in Innichen das erste Tiroler Stift gegründet. Im Museum neben der Stiftskirche sind der Domschatz, sakrale Kunst sowie eine Urkunden- und Handschriftensammlung ausgestellt. *Do–Sa 17–19 Uhr, So 10–11 Uhr (Mitte Juli–September auch Di–So 10–12 Uhr, Di 20–22 Uhr) | Eintritt 3 Euro | Attostr. 3*

ESSEN & TRINKEN

ARTCAFÈ ENGLÖS ▸▸ Insider Tipp

Im schönen Cafè und Weinlokal des historischen Gebäudes werden regelmäßig Kunstausstellungen und Lesungen veranstaltet. *So geschl. | Toblach | Graf-Künigl-Str. 5 | Tel. 04 74 97 20 90* | €

Seit 1250 wird die Kreuzigungsgruppe in der Stiftskirche von Innichen verehrt

EINKAUFEN

SCHAUKÄSEREI DREI ZINNEN

Die Sennereigenossenschaft in Toblach verarbeitet die angelieferte Milch u.a. zum beliebten und schmackhaften Pusterer Käse. *Führungen, Verkostung und Verkauf: Juni–Sept. Di–Sa 8–18, So 10–17 Uhr, Okt.–Mai geschl. | Eintritt 3 Euro | Toblach | Pustertalerstr. 3/c | www.schaukaesereidreizinnen.com*

ÜBERNACHTEN

HOTEL GRAUER BÄR

Im zentral gelegenen, historischen Hotel können Sie nicht nur übernachten, sondern auch gut essen. Mit Dachterrasse und Sauna. *24 Zi. | Innichen | Peter-Paul-Rainer-Str. 2 | Tel. 04 74 91 31 15 | Fax 04 74 91 41 82 | www.orsohotel.it* | €€–€€€

FREIZEIT & SPORT

PUSTERTALER RADWEG

Die Strecke von Innichen nach Bruneck führt durch wunderschöne Landschaft. Von Bruneck geht es mit der Bahn nach Innichen oder Toblach zurück. *33 km Länge | 350 Höhenmeter*

AUSKUNFT

TOURISMUSVEREINE

Innichen | Pflegplatz 1 | Tel. 04 74 91 31 49 | Fax 04 74 91 36 77
Toblach | Dolomitenstr. 3 | Tel. 04 74 97 21 32 | Fax 04 74 97 27 30 | www.hochpustertal.info

ZIELE IN DER UMGEBUNG

ANTHOLZER TAL [122 C3–4]

Bei Rasen beginnt das stille, waldreiche Antholzer Tal, das sich zum Alpenhauptkamm hinzieht. Im Winter ist das schneesichere Hochtal, das auch durch Biathlon-Wettbewerbe bekannt geworden ist, das reinste Dorado für Skilangläufer. Im Sommer zählt der Seeweg um den zauberhaften, grünen *Altholzer See (Gehzeit ab Antholz-Mittertal ca. 5 Stunden hin und zurück)* zu den beliebtesten Wanderungen in der Region.

Am Eingang des Antholzer Tals führt ein Naturlehrpfad über Holzbohlen und schöne Wege durch das Moor der *Rasner Möser*. Die Reste eines ehemals ausgedehnten Feuchtgebietes sind ein geschütztes Biotop *(Gehzeit ca. 1 Stunde)*. Insider Tipp

Auskunft: *Tourismusverein Antholzer Tal | Rasen/Antholz | Mittertal 81 | Tel. 04 74 49 21 16 | Fax 04 74 49 23 70 | www.antholz.com*

GSIESER TAL [122–123 C–D 3–4]

Ähnlich wie das Antholzer Tal dringt das Gsieser Tal bei Welsberg für ca.

25 km in die Ausläufer der Rieserfernergruppe vor. Stattliche Bauernhöfe säumen die Wanderwege, die vom Talgrund zu den vielen bewirtschafteten Almen führen.

Insider Tipp Auf dem *Waldsamerhof (11 Zi. | St. Magdalena 16 | Tel./Fax 0474 948009 | www.waldsamerhof.it | €)* führt Josef Huber in die Geheimnisse der Käseproduktion ein. Wer auf dem gemütlichen Radweg durch das Gsieser Tal fährt, kommt am *Restaurant Durnwald (Mo geschl. | Unterplanken 33 | Tel. 04 74 74 69 20 | €€)* vorbei, das ruhig und sonnig im Grünen liegt.

OLANG **[122 B–C4]**

Die Dörfer Ober-, Mitter- und Niederolang bilden mit Geiselsberg die Gemeinde Olang (1083 m, 2800 Ew.), die am Osthang des *Skikarussells Kronplatz* in einer weiten Senke liegt. Im Sommer sind die umliegenden Dolomitenausläufer lohnende Wander- und Ausflugsziele.

Bereits die Römer wussten um die Heilkraft des schwefelhaltigen Wassers von *Bad Bergfall* (4,5 km südlich von Olang). Den Gästen von heute bieten Schwefelwannenbäder und Wohlfühlprogramme Ruhe und Entspannung, und das gleichnamige *Hotel (28 Zi. | Geiselsberg | Bergfallweg 5 | Tel. 04 74 59 20 84 | Fax 04 74 59 21 50 | www.badbergfall.com | €)* einfachen Komfort.

PRAGSER WILDSEE ★ **[122 C5]**

Ein beliebtes Postkartenmotiv liegt am Ende des Pragser Tals, 11 km südlich von Welsberg: Vom türkisfarbenen See steigt die helle Felswand des eindrucksvollen Seekofels (2810 m) auf. *Gebührenpflichtiger Parkplatz am Seeufer*

SEXTEN ★ **[123 D–E 4–5]**

Von Innichen schiebt sich ein wunderschönes Bergtal, das Sextner Tal, mitten in den Kranz der „Sextner

Gelb und orange leuchten die Lärchen im Herbst am Pragser Wildsee

Sonnenuhr" vor. Die Gipfel tragen die Namen von Stunden, weil sich je nach Sonnenstand daran die Zeit ablesen lässt. Das *Fischleintal* ist ein landschaftlich herausragender Seitenarm Sextens. Vom Talboden führt eine Wanderung zur *Dreizinnenhütte* auf 2405 m, die direkt unter den Drei Zinnen (2998 m) – den Symbolbergen der Dolomiten – liegt.

Der Bergführer Sepp Innerkofler erbaute im Grünen das *Hotel Dolomitenhof (42 Zi. | Sexten | Fischleintalstr. 33 | Tel. 04 74 71 30 00 | Fax 04 74 71 30 01 | www.dolomitenhof.com | €€–€€€)*; Loipen und Wanderwege in unmittelbarer Nähe.

Auskunft: *Tourismusverein Sexten | Dolomitenstr. 45 | Tel. 04 74 71 03 10 | Fax 04 74 71 03 18 | www.hochpustertal.info*

TAUFERER AHRNTAL

[122 B–C 1–4] Bei Bruneck zweigt nach Norden, in Richtung der Grenzkette der Zillertaler Berge, das Tauferer Ahrntal ab. Im Hauptort *Sand in Taufers* (4500 Ew.) konzentriert sich die Wirtschaft des Tals. Eine gesunde Mischung von Kleinindustrie, Gewerbe und Fremdenverkehr schafft Arbeit und Wohlstand für die Bewohner. Hinter der Burg Taufers zieht sich das engere, klimatisch rauere Ahrntal nach Nordosten, an dessen Talschluss der nördlichste Zipfel Italiens erreicht ist.

SEHENSWERTES

BERGBAUMUSEUM ★ [122 B2]

Im Ort Steinhaus, ungefähr in der Mitte des Ahrntals gelegen, dokumentiert eine Zweigstelle des *Südtiroler Bergbaumuseums (April–Okt. Di–So 9.30–16.30, Do 9.30–22 Uhr, 26. Dez.–März Di–So 10–12, Do 19–21, Mi, Fr, So 15–17 Uhr | Eintritt 4 Euro | Steinhaus 99)* die Geschichte des Erzabbaus im Ahrntal.

15 km nordöstlich des Museums sind die Anlagen des *Bergwerks Prettau (April–Okt. Di–So 9.30–16.30 Uhr | Reservierungen Tel.: 04 74 65 42 98 | Eintritt 8 Euro | Prettau/Ahrntal | Hörmannsgasse 38/a | www.bergbaumuseum.it)* sehenswert.

KRIPPENMUSEUM MARANATHA [122 B2]

Das Volkskunst und Krippenmuseum zeigt die Entwicklung der Schnitzkunst sowie internationale Kunstwerke. *Mai–Nov. Mo–Sa 9–12 u. 14–18, Mi auch 20–22, So 14–17 Uhr | Eintritt 5 Euro | Luttach | Weißenbachstr. 17 | www.krippenmuseum.com*

PFARRKIRCHE ZUR MARIA HIMMELFAHRT [120 B2]

In der Ebene vor Sand in Taufers thront diese Kirche, ein Hauptwerk der Pustertaler Spätgotik. Im ehemaligen Kornspeicher zeigt das Pfarrmuseum eine Sammlung von sakralen Kunstwerken. *Juni–Mitte Okt. So 17–18.30, Mitte Juli–Aug. So u. Do 17–18.30 Uhr | Eintritt freiw. Spende*

WOHNBURG TAUFERS [122 B2]

Der wehrhafte, äußerst beeindruckende Bau ist seit 1977 im Besitz des Südtiroler Burgeninstituts. Große Teile der Anlage sind zur Besichtigung freigegeben, darunter der Richtersaal, die Richtstätte, das Gefängnis, die Folterkammer, die Schlosskapelle, die Bibliothek und die Waffenkammer. *Besichtigung nur mit Führung: Tel. 04 74 67 80 53 | Eintritt 3,50 Euro*

ÜBERNACHTEN

NATURHOTEL GASTHOF MOOSMAIR

Dem komfortablen Haus ist auch ein gutes Restaurant mit Panoramaterrasse angeschlossen. *26 Zi. | Sand in Taufers | Ahornach 44 | Tel. 04 74 67 80 46 | Fax 047 14 23 11 50 | www.moosmair.it* | €€–€€€

Nördlich von Bruneck erhebt sich auf hohem Fels die majestätische Burg Taufers

FREIZEIT & SPORT

RAFTING & KAJAK

Wenn zur Schneeschmelze die Ahr jede Menge Wasser führt, ist die beste Zeit, sich per Schlauchboot gen Tal zu stürzen. In Sand organisiert der *Club Activ (Ahrntalerstr. 22 | Tel. 04 74 67 84 22 | www.rafting-club-activ.com)* River-Rafting und Kajaktouren. Die Ausrüstung wird gestellt.

AUSKUNFT

TOURISMUSVEREIN

Steinhaus | Ahrnerstr. 95 | Tel. 04 74 65 20 81 | www.tauferer.ahrntal.com

ZIEL IN DER UMGEBUNG

REINTAL [122 B–C2]

Von Sand in Taufers aus schlängelt sich eine breite Straße über 800 Höhenmeter in den Talkessel des Reintals mit dem Dörfchen *Rein* (Insider Tipp), das von den bis zu 3435 m hohen Gipfeln der Rieserfernergruppe überragt wird. Wer einen Stützpunkt für Touren in diese atemberaubende Hochgebirgskulisse sucht, ist hier richtig. Vor dem Dorf stürzt der *Reinbach* (Insider Tipp) in Kaskaden schäumend und tosend über die Felsen, ein Weg mit Geländern und Brücken führt vom *Gasthaus Toblhof (Di geschl. | Ahornach 11 | Tel. 04 74 67 80 09 | €)* an der Reintalstraße zu den Wasserfällen.

UNTER-PUSTERTAL

[121 E–F3] **Das Unterpustertal erstreckt sich westlich von Bruneck über St. Lorenzen, Kiens und Vintl bis nach Mühlbach.** Auf der nördlichen Seite des Tals liegen auf einer Höhenterrasse *Terenten, Pfalzen* und ihre Nachbardörfer mit herrlichem Ausblick zu den Dolomiten. Die *Sonnenstraße*, die die Orte verbindet, ist eine Insider Tipp wunderschöne Alternativroute zur Straße im Tal.

SEHENSWERTES

ANTIQUARIUM SEBATUM

Die Ausgrabungen der Römersiedlung Sebatum an der Rienzbrücke belegen eine frühe Besiedlung des Ortes. Vor- und frühgeschichtliche Fundstücke sind im Antiquarium im Rathaus zu sehen. *Mo–Fr 9–12 u. 15–18, Sa 9–12 Uhr | Eintritt frei | St. Lorenzen | J.-Renzler-Straße 9*

SCHLOSS EHRENBURG

Fürstbischof Caspar Ignaz Künigl und dessen Bruder erweiterten um 1730 die ursprüngliche Burg zu einer glanzvollen Barockresidenz, mit reichem Freskenschmuck und wertvollem Mobiliar. *Nur mit Führung: Tel. 04 74 56 52 21 | Eintritt 4 Euro*

EINKAUFEN

BERGILA LATSCHENÖLBRENNEREI

Seit fast 100 Jahren wird in der Latschenölbrennerei in Issing aus Latschenkiefern, Fichten, Föhren und Zirbelkiefern ätherisches Öl destilliert. Die Heil- und Gewürzkräuter des Kräutergartens werden ebenfalls verkauft. *Issing/Pfalzen | Weiherplatz 8 | Tel. 04 74 56 53 73*

AUSKUNFT

TOURISMUSVEREIN

St. Lorenzen | J.-Renzler-Str. 9 | Tel. 04 74 47 40 92 | Fax 04 74 47 41 06 | www.st-lorenzen.com

Spritzig: Kajakvergnügen im Wildwasser der Ahr

ZIELE IN DER UMGEBUNG

MARIA SAALEN [121 F3] Insider Tipp

Bei St. Lorenzen am Eingang des Gadertals liegt das barocke Wallfahrtskirchlein von Maria Saalen, erbaut 1652. Daneben lädt der *Saalerwirt (22 Zi. | St. Lorenzen | Saalen 4 | Tel. 04 74 40 31 47 | Fax 04 74 40 33 02 | www.saalerwirt.it | €€)* in seinen antiken Gaststuben zu gepflegtem Essen, zu einem Kuchen auf der Sonnenterrasse oder ins kleine, komfortable Hotel.

SONNENBURG [121 F3]

Urlaub wie in einem luxuriösen Ritterdomizil: Die Sonnenburg bei St. Lorenzen ist Südtirols ältestes Nonnenkloster und heute das stilvolle *Hotel Schloss Sonnenburg (43 Zi. | St. Lorenzen | Tel. 04 74 47 99 99 | Fax 04 74 47 40 49 | www.sonnenburg.com | €€€)*. Die beim Umbau zutage geförderten Fundstücke sind in einem eigenen Trakt ausgestellt und für Besucher zugänglich.

> SPORTARENA VOR GRANDIOSER KULISSE

Die gastfreundlichen Ladiner pflegen ihre eigene Sprache und leben in einer einmaligen Landschaft

> In der Enge ihrer Dolomitentäler haben sich die Ladiner ihre eigene Sprache und Kultur erhalten. Und sie haben Grödner- und Gadertal – diese Traumlandschaften voller berühmter Berge – mit bester Infrastruktur für Gäste ausgestattet.

GADERTAL

[122 B4–6] **Von St. Lorenzen bei Bruneck zieht sich das Gadertal (6900 Ew.) rund 34 km nach Süden. Einst gehörte das Gebiet zur Benediktinerinnenabtei Sonnenburg bei St. Lorenzen, daher auch der Name *Abteital (Val Badia)*.** Nach anfänglicher schluchtartiger Enge weitet es sich zu Wiesen mit hübschen Dörfern, die Lärchenwälder werden überragt von Dolomitengipfeln. Die Ortstafeln sind dreisprachig, und die Hauptorte *St. Martin, St. Leonhard, St. Kassian* und *Corvara* prägt sommers wie winters pulsierendes Leben. Das *Hochabteital (Alta Badia)* im Süden des Gader-

Bild: Naturpark Puez-Geisler

LADINIEN

tals zählt zu den glamourösesten Skigebieten Italiens: Nirgendwo sonst in den italienischen Alpen trifft man eine solche Dichte an Top-Hotels und Gourmettempeln an. Ausführliche Informationen im MARCO POLO Band „Dolomiten".

SEHENSWERTES

Insider Tipp

GADERTALER BAROCKKIRCHEN

Die Kirche von St. Vigil in Enneberg und die Pfarrkirche von St. Leonhard-Pedratscheszählen wegen ihrer Stilreinheit zu den schönsten Barockkirchen des Landes.

MUSEUM LADIN CIASTEL DE TOR ★

Im alten Gerichtssitz Schloss Thurn oberhalb des Dorfes St. Martin in Thurn befindet sich das Ladinische Landesmuseum. Die multimediale Ausstattung vermittelt die Sprache, Kultur und Geschichte der ladinischen Bevölkerung. *20. März–Okt.*

Di–Sa 10–18, So 14–18 Uhr, Aug. auch Mo 10–18 Uhr, Ende Dez. bis 20. März Mi–Fr 14–18 Uhr | Eintritt 6 Euro | St. Martin in Thurn | Torstr. 72 | www.museumladin.it

Kleiner weißer Ball auf sattem Grün vor großen grauen Bergen: Golf im Gadertal

NATURPARKHAUS

1987 wurden im Conturines-Gebiet Reste von Höhlenbären gefunden, die hier vor etwa 50000 Jahren lebten. Der Schädel eines Exemplars ist im Naturparkhaus Fanes-Sennes-Prags in St. Vigil zu sehen. Hier befindet sich auch eine Nachbildung der Conturines-Höhle, wo die Skelette gefunden wurden. Filme, interaktive Schautafeln, Vitrinen und Computerterminals geben spannend und anschaulich Informationen zur Geologie und Natur der Dolomitenlandschaft. Eigene Kinderabteilung mit Mikroskopiertisch. *Mai–Okt. u. Weihnachten–März Di–Sa 9.30–12.30 u. 16–19, Juli, Aug. auch Do 21–22.30 Uhr | Eintritt frei | St. Vigil in Enneberg | Katharina-Lanz-Str. 96*

VILES Insider Tipp

In *Enneberg* und im *Hochabteital (Wengen, Campill)* haben sich besondere Weiler – ladinisch „Viles“ – erhalten. Typisch für diese Siedlungen sind die oft bis zu zehn Höfe, die sich um einen gemeinsamen Brunnen, einen Backofen und manchmal auch eine Mühle scharen. Sie geben dem Gadertal einen eigenen Akzent.

ESSEN & TRINKEN

GASTHOF DASSER

In den rustikalen Stuben werden traditionelle ladinische Küche, italienische Vorspeisen und Wildspezialitäten serviert. *25 Zi. Mo u. So abends geschl. | St. Martin | Zentrum 11 | Tel. 04 71 52 31 20* | €€

LA SIRIOLA
Das stilvolle Restaurant setzt auf kreative Küche auch fürs Auge. *Mo geschl. | St. Kassian | Armentarola in Pre De Vi 31 | Tel. 04 71 84 94 45 | www.siriolagroup.it* | €€€

LÜCH DE SURVISC
Annamaria Vallazza tischt auf Bestellung traditionelle ladinische Spezialitäten auf. *Do geschl. | Wengen | Dorf 128 | Tel. 04 71 84 31 49* | €

ÜBERNACHTEN

HOTEL CIASA ANTINES
Das Hotel im Ort Stern-La Ila, etwa in der Mitte des Hochabteitals, bietet gemütliches Ambiente und einen eigenen Wellnessclub. *22 Zi. | Stern | Strada Picenin 18 | Tel. 04 71 84 42 34 | Fax 04 71 84 42 43 | www.hotelantines.it* | €€–€€€

HOTEL PIDER
Dieses Hotel im Dörfchen Wengen ist ideal für Wanderungen in die Fanesgruppe. Für Radfahrer gibt es geführte Touren, Bikegarage mit Werkstatt und Waschplatz. *25 Zi. | Wengen | San-Senese-Str. 22 | Tel. 04 71 84 31 29 | Fax 04 71 84 32 81 | www.pider.info* | €€

FREIZEIT & SPORT

GOLF
Nur 3 km südlich von Corvara liegt auf 1700 m Höhe einer der schönsten und höchstgelegenen 9-Loch-Golfplätze der Alpen. *Juni–Sept. | Golf Club Alta Badia – Tranrüs | Corvara | Tel. 04 71 83 66 55 | www.golfaltabadia.it*

WANDERUNG ZUM HEILIGKREUZ-HOSPIZ ★
Eine der schönsten Dolomitenwanderungen *(Gehzeit insg. 3–4 Stunden)* führt unterhalb der Felswände des Heiligkreuzkofels zum Dorf Wengen. Mit dem Sessellift geht es von Pedratsches auf 1840 m, von dort etwa eine Stunde durch Waldgebiet zum *Heiligkreuz-Hospiz (2050 m | Einkehrmöglichkeit | €)*, dann leicht absteigend über Almen mit schöner Aussicht nach Wengen. Für den Rückweg nehmen Sie am besten Bus oder Taxi.

EINKAUFEN

HOF SOTGARDËNA
Genießer aufgepasst: Auf diesem Hof in Pedratsches werden hausgemachte

MARCO POLO HIGHLIGHTS

★ Museum Ladin Ciastel de Tor
Hier sind Ladiniens Sprache, Geschichte und Brauchtum lebendig (Seite 91)

★ Wanderung zum Heiligkreuz-Hospiz
Großartige Ausblicke vom Fuß des mächtigen Heiligkreuzkofels (Seite 93)

★ Fanesalm
Eine sagenumwobene Landschaft, die zu jeder Jahreszeit fasziniert (Seite 94)

★ Naturparkwanderungen
Entdeckungsreisen durch Fichten-, Lärchen- und Zirbenwälder (Seite 95)

Köstlichkeiten wie Butter, Käse, Topfen (Quark), Joghurt, Brot, Speck, Strudel und Turtres (Teigtaschen) verkauft. *Abtei | Pedratsches | Tel. 04 71 83 98 04*

AM ABEND

TOCCAMI

Auf Deutsch bedeutet *toccami* so viel wie „Fass mich an". So heißt das verrückteste Musik- und Tanzlokal von Corvara. Kleine Speisekarte. *Corvara | Via Col Alt 80 | Tel. 04 71 83 61 39*

AUSKUNFT

Tourismusverband Alta Badia | Corvara | Col Alt 36 | Tel. 04 71 83 61 76 | Fax 04 71 83 65 40 | www.altabadia.org

> www.marcopolo.de/suedtirol

ZIEL IN DER UMGEBUNG

FANESALM ★ [122 C6]

Eine landschaftlich einzigartige Hochfläche: Von der Faneshütte sind es nur wenige Minuten zum sagenumwobenen *Grünsee* mit seiner bizarren Landschaft. *Anfahrt ab St. Vigil-Enneberg bis zum Ende des Rautals, von Pederü (Parkplatz) zu Fuß weiter zur Fanesalm in 1,5 Stunden*

Holzgeschnitzte religiöse Figuren in allen Größen werden im Grödner Tal hergestellt

GRÖDEN

[121 D–E 5–6] **Im Sommer lockt die Landschaft des etwa 30 km langen Grödner Tals mit Wiesen und Almen, dunklen Wäldern und den darüber aufragenden, einzigartigen Dolomitenzacken.** Im Winter ist die weiße Schneelandschaft ein Urlaubsmagnet. Der *Val Gardena Ronda Express*, eine 1,2 km lange unterirdische Standseilbahn, verbindet alle Skigebiete Grödens miteinander. Das Grödner Tal ist weltweit auch für seine Holzschnitzereien bekannt. Die Ortschaften *St. Ulrich, St. Christina* und *Wolkenstein* (insg. 8700 Ew.) liegen zu Füßen des Langkofels. Ausführliche Informationen finden Sie im MARCO POLO Band „Dolomiten".

SEHENSWERTES

MUSEUM GHERDËINA

Das Museum im Zentrum von St. Ulrich enthält große Sammlungen zur Geschichte und Kultur Grödens, u.a. auch eine Kollektion von Holzspielzeug. *Stark gestaffelte Öffnungszeiten (s. Internet) | Eintritt 5 Euro | Cësa de Ladins | St. Ulrich | Reziastr. 83 | www.museumgherdeina.it*

ESSEN & TRINKEN

RESTAURANT ANNA STUBEN

Exquisite italienische und internationale Gerichte werden im Restaurant des *Hotels Grödnerhof* serviert. *Mo geschl. | St. Ulrich | Vidalong-Str. 3 | Tel. 04 71 79 63 15 |* €€€

Insider Tipp L FUDLÈ

Der ladinische Name des Lokals bezeichnet die Feuerstelle, die in den holzgetäfelten Stuben für warme Atmosphäre sorgt. Tiroler Spezialitäten und Pizzas. *St. Christina | Dursan-Str. 86 | Tel. 04 71 79 02 55 |* €

ÜBERNACHTEN

HOTEL CENDEVAVES

Auf der sonnigen Anhöhe des Monte Pana bei St. Christina erwartet die Gäste eine grandiose Aussicht auf die Dolomiten und viel Komfort. Idealer Ausgangspunkt für Wanderungen. *23 Zi. | St. Christina | Pana-Str. 44 | Tel. 04 71 79 20 62 | Fax 04 71 79 35 67 | www.cendevaves.it |* €€€

MIRABEL

Von der stilvoll umgebauten Frühstückspension auf der Sonnenseite des Grödner Tals ist es im Winter nicht weit zum Dolomiten-Superski-Karussell. *10 Zi. u. 2 Apt. | St. Christina | Skasa-Str. 5 | Tel. 04 71 79 70 37 | Fax 04 71 78 13 77 | www.mirabel.it |* €€

FREIZEIT & SPORT

NATURPARKWANDERUNGEN ★

Im Sommer werden geführte Wanderungen durch die *Naturparks Puez-Geisler* und *Rosengarten-Schlern* angeboten. Die Exkursionen beschäftigen sich z.B. mit der Geologie der Dolomiten oder dem Phänomen der Verkarstung. *Anmeldungen in den Tourismusbüros*

AUSKUNFT

VAL GARDENA – GRÖDEN MARKETING

St. Christina | Dursan-Str. 80c | Tel. 04 71 77 77 77 | Fax 04 71 79 22 35 | www.valgardena.it

>LOW BUDGET

> Am Seres-Bach bei Miscì im Campiller Tal wurde eine Reihe von *Mühlen* restauriert, eine davon ist für Besichtigungen offen und frei zugänglich.

> *Dauerausstellung UNIKA*: Grödner Kunsthandwerker stellen Einzelstücke aus und lassen sich bei der Arbeit über die Schulter schauen. *Mo–Sa 10–12 u. 14–19 Uhr | Eintritt frei | Typak Center | St. Ulrich*

> KULTUR- UND NATURGENUSS

Schauen, entspannt radeln und genießen: mit Auto und Fahrrad zu Winzern und Obstbauern

Die Touren sind auf dem hinteren Umschlag und im Reiseatlas grün markiert

1 GENUSSTOUR AUF DER WEINSTRASSE

Über den Namen „Weinstraße" sind ein Dutzend schöne historische Dörfer im Süden Südtirols miteinander verbunden, in einer vom Weinbau geprägten Kulturlandschaft. Von Terlan bis Salurn sind es ca. 41 km, mit Rückfahrt auf der Staatsstraße ca. 75 km.

Ausgangspunkt ist der Ort **Terlan** *(S. 66)*, der für seinen Spargelanbau und den dazu passenden lokalen Weißwein bekannt ist. Die Route quert den Talboden und führt in das kleine, idyllisch im Grünen gelegene Dorf **Andrian** auf der gegenüberliegenden Seite des Etschtals. Von hier aus wenden Sie sich nach Süden, zur Rechten erblicken Sie die Ruine von **Hocheppan** *(S. 72)* und bald darauf **Schloss Sigmundskron** bei Bozen. Hier schlängelt sich die Straße hinauf zu den Weißweinlagen der Orte Frangart

Bild: Reschensee

AUSFLÜGE & TOUREN

und Girlan bis nach **Eppan**. Die *Kellereigenossenschaft St. Michael-Eppan (Eppan | Umfahrungsstr. 17/19 | www.stmichael.it)* ist für ihre hochwertige Weinlinie und Sektproduktion bekannt.

Nächste Station: **Kaltern**, die Heimat des süffigen Vernatsch-Rotweins „Kalterer". Einblicke in die Geschichte des Weinbaus gewinnen Sie im **Südtiroler Weinmuseum** *(S. 72)*. Achten Sie auf die Buchstaben E&N: Dahinter verbirgt sich die mehrfach preisgekrönte *Erste und Neue Kellereigenossenschaft Kaltern (Kellereistr. 5/10 | www.erste-neue.it)*. Eine tolle Aussichtslage hat die komfortable *Pension Sonne (18 Zi. | Barleitweg 7 | Tel. 04 71 96 32 41 | Fax 04 71 96 40 41 | www.pensionsonne.it | €€)*, wo Sie an einer Weinbergwanderung teilnehmen können. Insider Tipp

Von Kaltern senkt sich die Straße und führt am **Kalterer See** *(S. 73)* vorbei nach **Tramin**, wo der aromatische weiße Gewürztraminer seinen Ursprung hat. Martin Foradori von der berühmten *Kellerei Hofstätter (Weingut J. Hofstätter GmbH | Rathausplatz 7 | www.hofstatter.com)* kombiniert im Zentrum von Tramin Tradition, moderne Kellereitechnik und avantgardistische Architektur.

An den Weinhügeln der westlichen Talseite entlang fahren Sie nun nach **Kurtatsch**. In den sehr warmen Lagen gedeiht hier z.B. der Cabernet „Freienfeld". Am **Fennberg** *(S. 75)* steil darüber befinden sich auf etwa 1000 m die höchstgelegenen Weingüter Südtirols, wo Sie sich in der *Schlosskellerei Turmhof (Schlossweg 4 | Entiklar)* Zeit nehmen sollten, um den beachtlichen Weißwein zu verkosten.

Im idyllischen Dörfchen **Margreid**, am Fuß des Fennbergs, wächst die älteste, auf 1601 datierte Hausrebe Südtirols. Bei **Kurtinig** und **Salurn** (34 km südlich von Bozen) erreichen Sie die Südgrenze des deutschen Sprachraums. Die *Kellerei* von *Peter Zemmer (Weinstr. 24 | Kurtinig | www.zemmer.com)* keltert aus den tiefen und warmen Lagen der Gegend hervorragende Weine.

Auf Ihrem Rückweg an der östlichen Talseite der Etsch kommen Sie durch die Weinstraßenorte Neumarkt, Montan und **Auer**, bevor es über **Leifers** nach Bozen und Terlan zurückgeht. Sind Sie Ende August unterwegs, dann sollten Sie das traditionelle *Laubenfest* in **Neumarkt** nicht verpassen. Im *Hotel Restaurant Andreas Hofer (34 Zi. | Straße der Alten Gründungen 21–23 | Tel. 0471812653 | www.hotelandreashofer.com | €€)* logieren Sie direkt im historischen Ortskern. Das Dörfchen **Montan** schmiegt sich oberhalb von Auer und Neumarkt an den Berg. Der Blauburgunder von *Franz Haas* von der gleichnamigen *Kellerei (Villner Str. 6)* ist legendär!

Insider Tipp

2 NEUE EINSICHTEN AUF DEM ETSCHRADWEG

Der Radweg entlang der Etsch führt durch die von Obstplantagen geprägte Landschaft des Vinschgaus, durch Meran und Bozen bis ins Weinbaugebiet von Überetsch und Unterland. Auf der 160 km-Strecke von Reschen bis Salurn (Schilder mit Fahrradsymbol) geht es anfangs viel bergab, später rollen Sie eben dahin. Tagesetappen von 35 bis 45 km sind gut möglich. Nehmen Sie sich 6 Tage Zeit für alle Sehenswürdigkeiten. Rückweg: von Salurn bis Bozen und Meran im Zug, von Meran bis Reschen per Linienbus.

1. Tag, Reschenpass–Schlanders (ca. 45 km): Am Reschenpass entspringt die Etsch, Italiens zweitlängster Fluss. Der Radweg führt am **Reschensee** *(S. 35)* entlang, aus dem noch der Kirchturm von Graun ragt. Nach Schleis und Laatsch erreichen Sie **Glurns** *(S. 34)*, die kleinste Stadt Südtirols. Ein Abstecher nach **Schluderns** lohnt sich wegen der **Churburg** *(S. 34)*. An der Etsch entlang führt der Radweg weiter nach **Prad**, das Nationalparkhaus **Aquaprad** *(S. 37)* informiert über den Lebensraum des Flussdeltas Prader Sand. Nach dem Marmordorf **Laas** *(S. 39)* geht es dem Tagesziel **Schlanders** *(S. 38)* entgegen. *Übernachten in Schlanders: S. 39*

2. u. 3. Tag, Schlanders–Meran (ca. 35 km): Ab Schlanders sind die Talf-

Schutz vor Schnee und Regen beim Einkaufsbummel: Laubengang in Neumarkt

lächen mit Apfelplantagen bedeckt, Burgen begleiten Sie wie etwa **Kastelbell** *(S. 35)* beim gleichnamigen Dorf und **Schloss Juval** *(S. 36)* oberhalb von Staben. Einen Stopp sollten Sie nicht nur an der gotischen Spitalskirche in **Latsch** *(S. 30)* sondern unbedingt auch im Ortskern von **Plaus** beim „Totentanz-Fresko" des heimischen Künstlers Luis Stefan Stecher einlegen. **Merans Altstadt** *(S. 44)* lädt zu einem Tag mit Shoppen und Genießen ein. *Übernachten in Meran: S. 46*

Insider Tipp

4. u. 5. Tag, Meran–Bozen (ca. 35 km): Nun lenken Sie Ihr Rad in Richtung **Lana** *(S. 40)*, der größten Apfelgemeinde Südtirols. In der **Pfarrkirche Niederlana** *(S. 41)* sollten Sie den spätgotischen Schnatterpeck-Altar nicht verpassen, bevor Sie der Radweg nach **Bozen** *(S. 60)* führt. Die Altstadt, der Dom, die Laubengänge und Museen sowie die „Bilderburg" von **Runkelstein** *(S. 62)* sind ebenfalls einen Tagesaufenthalt wert. Im *Hotel Feichter* sind Radfahrer willkommen *(29 Zi., eigene Garage | Weintraubengasse 15 | Tel. 04 71 97 87 68 | Fax 04 71 97 48 03 | €€)*.

6. Tag, Bozen–Salurn (ca. 35–45 km): Von Bozen können Sie auf dem Radweg gemütlich nach Salurn bummeln. Eine Alternative mit geringer Steigung beeindruckt durch abwechslungsreiche Landschaft: Sie führt auf der Trasse einer aufgelassenen Schmalspurbahn über **Frangart** und **Girlan** durch das Weinstraßengebiet nach **Eppan** und **Kaltern**, vorbei am Kalterer See bis **Auer** *(22 km)*. Dort vereinen sich die beiden Streckenvarianten wieder, und es geht über Neumarkt und Kurtinig nach **Salurn**. Das radlerfreundliche *Hotel Teutschhaus* liegt direkt an der Route *(70 Zi. Martinsplatz 5 | Kurtinig a. d. Weinstraße | Tel. 04 71 81 71 39 | www.teutschhaus.it | €€)*.

Insider Tipp

EIN TAG IN BOZEN UND UMGEBUNG

Action pur und einmalige Erlebnisse.
Gehen Sie auf Tour mit unserem Szene-Scout

DIE WANNE IST VOLL

9:00

Nach dem Frühstück gleiten Sie sanft in eine Badewanne. So kurz nach dem Aufwachen dürfen Sie jetzt noch mal für 20 Minuten die Augen schließen und die wohltuenden Gerüche des Latschenöls einatmen. Rundum gut entspannt und mit genug Power für den Tag steigen Sie anschließend aus der Wanne. **WO?** *Wellnesshotel Bad Schörgau | Sarntal | Tel. 04 71 62 30 48 | Kosten: 23 Euro | www.bad-schoergau.com*

10:30

HIGH IN THE SKY!

Nur einen Katzensprung weiter liegt das *Hotel Olympia*. Station für alle Mutigen! Von hier aus geht es zum Tandemparagliding. Sobald der Guide das Zeichen gibt, laufen Sie los, der Schirm bläht sich in der Luft, und schon geht es schwebend, zusammen mit dem Flugprofi, über den Abgrund. Nervenkitzel pur! **WO?** *Kellerburgweg 10 | Sarnthein | Tel. 04 71 62 32 13 | Kosten: ca. 80 Euro | www.hotel-olympia.net*

DER BERG RUFT

12:30

Noch nicht genug von den luftigen Höhen? Dann ab in die Seilbahn auf den Ritten. In zwölf Minuten geht es auf den Hausberg von Bozen. Die Aussicht auf die Dolomiten ist atemberaubend. Oben angekommen steuern Hungrige das *Gasthaus Lobishof* an und bestellen eine Brettljausen – Schinken, Speck, Käse. **WO?** *Rittner Seilbahn | Rittenstr. 12 | Bozen | Kosten: hin und zurück 3,50 Euro | Gasthaus Lobishof, Stauseeweg 8 | www.lobishof.com*

14:00

AUSRITT

Sie sind blond, gutmütig und haben doch ihren eigenen Willen – die Rede ist von Haflingern. Auf der *Alpenranch Himmelreich* satteln Sie die gemütlichen Tiere und traben los. **WO?** *Von Oberbozen per Tram nach Klobenstein, dann zu Fuß 2 km zum Rittner Horn, Himmelreich Alpenranch | Tannstr. 7 | Klobenstein | Anmeldung nötig: Tel. 04 71 35 63 00 | Kosten: 24 Euro/2 Std. | www.alpenranchhimmelreich.com*

24h

WEIN UND MEHR

16:30

Auf dem Rückweg nach Bozen, der Weinmetropole in Südtirol, bietet sich eine Weinführung an. Nach Voranmeldung im *Weingut Ansitz Waldgries* haben Sie Gelegenheit, die Produktion und Lagerung mit eigenen Augen zu verfolgen und sich selbst bei einer Verkostung vom Geschmack zu überzeugen. **WO?** *St. Justina 2, Bozen | Tel. 04 71 32 36 03 | Kosten: 8 Euro | www.waldgries.it*

17:30

BIKE-PARADIES

In die Pedale treten und ab mit Speed zum abendlichen Bike-Sightseeing! Auf dem Rad und mit Führer erleben Sie Bozen zwischen den Kulturen face to face und tun auch noch was für die Fitness! Die Stadt der 15 Brunnen ist perfekt für Bikefans, der 7 km lange Parcours führt vorbei an rauschenden Fontänen und stillen Wassern. Abkühlen erlaubt. **WO?** *Passepartour | Perathonerstr. | Tel. 033 38 38 44 47 | Kosten: ca. 15 Euro | www.passepartour.com*

PANORAMA-DINNER

20:30

Ab sofort ist man in Sachen Genuss unterwegs. Im *Panoramahotel Kohlern* stehen zwei Punkte auf dem Programm: erstens der Sonnenuntergang und zweitens das Essen. Also schnell einen der besten Plätze ergattern und bestellen – am besten schmecken Klassiker wie Marillenknödel, Tafelspitz & Co. **WO?** *Kohlern 11 | Bozen | Tel. 04 71 32 99 78 | www.kohlern.com*

22:00

CLUBBING

Auf zum Partyhopping! Mit einem Cocktail starten Sie in der *Exil Lounge* in die Nacht, um anschließend im hippen *Rise-Club* abzusteigen. Hier geht es feucht-fröhlich zu: Schuld daran sind nicht nur die Drinks, sondern auch der Whirlpool auf der Dachterrasse. **WO?** *Exil Lounge | Kornplatz 2 | Tel. 04 71 97 18 14; Rise Club | Via Marie Curie (im Industriegebiet) | Tel. 04 71 50 22 98 | www.riseclub.it*

> NICHTS WIE HINEIN IN DIE ATEMBERAUBENDE NATUR

In Südtirol gibt es zu jeder Jahreszeit das passende Outdoorprogramm

> Selbst Stubenhocker werden in Südtirol ein Kribbeln in den Beinen spüren: Zu einladend ist die gebirgige Landschaft mit den vielen atemberaubenden Aussichtspunkten, zu schön das Wetter mit den zahlreichen Sonnentagen.

Und wenn dann noch ein derart vielfältiges Freizeitprogramm hinzukommt, dann kann man dem Aufenthalt im Freien nicht mehr widerstehen. Wandern ist nahezu überall möglich, vom Tal führen Seilbahnen oder Sessellifte in die höheren Regionen zu spannenden Tageswanderungen oder mehrtägigen Touren, bei denen der Blick fasziniert in die Ferne schweifen kann. Zum Schwimmen locken die Badeseen, und Radfahrer oder Mountainbiker haben die Wahl – je nach Kondition und Können – zwischen entspannten und anspruchsvollen Strecken. Für Golfer gibt es Plätze mit schönstem Dolomitenpanorama und für Kletterfreaks

Bild: Wanderweg am Stilfser Joch

SPORT & AKTIVITÄTEN

Routen aller Schwierigkeitsgrade. Bei Unternehmungen im Hochgebirge gilt aber auch für Südtirol: immer auf den Wetterbericht, die richtige Ausrüstung und gutes Kartenmaterial achten!

GOLF

So vielfältig wie die Landschaft sind die Golfplätze. Zwischen Apfelbäumen und Reben ist etwa der Golfplatz in Lana fast das ganze Jahr über bespielbar, während die Saison für die Plätze in Corvara, Gröden und am Karerpass auf die Sommerzeit beschränkt ist. Mehr über Golf in Südtirol: *Maia Service Center | Meran | Tel. 04 73 44 39 96 | www.golfinsuedtirol.it* und *www.golfing.it*

KLETTERN

Ein beliebtes Ziel für Kletterer sind die Dolomiten. Vom Rosengartengebiet bis zu den Drei Zinnen beispielsweise folgt man den Spuren von Reinhold Messner, der an den Geislerspitzen im Villnößtal klettern lernte. Mit seinem Kollegen Hans Kammerlander ist man unterwegs im Puster- oder Gadertal: Die Auswahl ist groß. Infos bei den Bergführervereinigungen, den örtlichen Tourismusvereinen und beim *Südtiroler Alpenverein:* www.alpenverein.it

Hit unter den Extremsportarten: Freeclimbing

Im Pustertal befindet sich die höchste Kletterhalle Italiens. Für das Training mit fachkundiger Anleitung stehen 45 unterschiedlich schwierige Routen zur Auswahl. *Waldheimstr. 23 | Sexten | Tel. 04 74 71 00 96 |* www.dolomitarena.it

Insider Tipp

RADFAHREN

In den Tälern entlang der Flüsse verlaufen die schönsten Radwege und -routen: der Etschradweg vom Reschen bis Salurn, der Pustertaler Radweg, der Eisacktaler Radweg sowie etliche interessante Nebenstrecken. Infos bei den Tourismusvereinen oder bei *Südtirol Bike Arena.* Hier gibt es auch Tourenkarten für Mountainbiker, auf die grandiose Trails und Downhills in allen Variationen warten: www.bikearena.it

REITEN

Im Heimatland des Haflingers, des Freizeit- und Familienpferdes schlechthin, finden sich unzählige Reitbetriebe, die von Stundenritten bis zu Tagesausritten sportliche Erlebnisse garantieren. Infos mit einer Liste von Reiterferienbetrieben beim *Haflinger Pferdezuchtverband | Tel. 04 71 50 10 71 |* www.haflinger-suedtirol.it

Größere Reitställe gibt es z.B. in Auer, Bruneck und Tscherms. Ein Reitparadies ist auch Jenesien bei Bozen. Auf der *Sitting Bull Ranch* in Campill organisiert Raimondo Mühlmann mehrtägige Touren durch die Dolomiten *(Tel. 04 74 59 01 60 |* www.sittingbullranch.com*)*.

SPORT & AKTIVITÄTEN

SCHWIMMEN

Für Wasserratten sind die warmen Badeseen Südtirols ein Paradies: die beiden südwestlich von Bozen im Wald eingebetteten Montiggler Seen oder der nur wenige Kilometer südlich gelegene Kalterer See, bekannt als wärmster Badesee der Alpen. Bei schlechtem Wetter oder in der kühlen Jahreszeit empfehlen sich die Erlebnis-Hallenschwimmbäder, so etwa in Brixen *(Acquarena | Altenmarktgasse 28/b)*, Naturns *(Erlebnisbad | Feldweg 5)*, Innichen *(Acquafun | M.-H.-Hueber-Str. 2)*, Bozen *(Hallenbad | Trieststr. 21)*, Bruneck *(Cron 4 | Im Gelände 26)* oder Meran *(Meranarena | Gampenstr. 74)*.

WANDERN

Südtirol ist ein ideales Wanderland: Im Sommer ist es im Hochgebirge, in den Dolomiten und den Wald- und Almregionen am schönsten; im Frühling dagegen sind es die Wege durch die Obstblüte der Tallandschaften und entlang der Hänge im Mittelgebirge, die locken. Und im Herbst lässt sich das Wandern in den Weingegenden mit dem beliebten „Törggelen" verbinden. Die Tourismusbüros halten Wandervorschläge für jeden Anspruch bereit.

Nicht zu vergessen: Südtirols Naturparks. Alle Parkverwaltungen bieten geführte Wanderungen verschiedener Schwierigkeitsgrade bzw. zu Themenschwerpunkten an. *www.provinz.bz.it/natur/2803*

WASSERSPORT

Die Flüsse Etsch, Eisack, Ahrn und Rienz eignen sich für eine ganz besonders prickelnde Sportart, das Rafting. Kontakt: *Rafting Club Activ | Sand in Taufers | Tel. 04 74 67 80 76* oder *Rafting Sterzing/Schifferle | Tel. 04 72 76 56 60*

Der Kalterer See ist zum Jollensegeln ideal. An warmen Tagen bläst zur Freude der Segler am Nachmittag ein regelmäßiger Thermikwind. Am Nordwestufer liegt der *Segelverein Kalterer See.* Regattatermine: *SVKS | Tel. 04 71 91 47 88 | www.svks.it*

WINTERSPORT

Dolomiti Superski ist in Südtirol das Zauberwort für einen Skipass, der in zwölf Wintersportgebieten gültig ist. Insgesamt 450 Lifte und 1220 km Pisten stehen Skifahrern, Snowboardern, Schneeschuhläufern und Telemark-Fans offen. Es ist der weltweit größte Lift- und Pistenverbund, der den Karteninhabern fast die gesamte Dolomitenregion öffnet *(www.dolomitisuperski.com)*. Für Alleinreisende: Auf *www.dolomitisuperski.mobi* finden Sie unter „Dolomiti Dating" Partner für die Piste. Für Kinder bis 14 Jahre besteht auf allen Pisten Südtirols Helmpflicht!

Die Durchquerung der Dolomiten auf Skiern ist bei der Dolomiten Ski-Safari möglich. **Insider Tipp** Der erfahrene Berg- und Skiführer Hermann Comploj aus Wolkenstein in Gröden organisiert die Tour für kleine Gruppen. *hermann.comploj@dnet.it*

Für Langläufer gibt es in Südtirol viele paradiesische Strecken: vom Reschen bis ins Pustertal (Tal von Prags, Toblacher Sattel, Fischleintal in Sexten), vom Eisacktal bis Bozen und im Rosengartengebiet. Snowboarder finden in den großen Skiorten eigene Snowparks vor.

> AUF ZU NEUEN ENTDECKUNGEN!

Südtirol ist ein kinderfreundliches Land mit einer Fülle von Attraktionen für die Kleinen

> Greifvögel, alte Mühlen, historische Rüstungen oder exotische Tiere: In Südtirol gibt es viel Einzigartiges und Spannendes, das auch Kinder fasziniert.
Und die Naturlandschaft von Reschen bis ins Ahrntal, von Sterzing bis Salurn ist ein großes Freizeitparadies. Viele der Museen und Naturparkhäuser vermitteln Wissen auf spielerische Weise oder in Form kindgerechter Führungen. Dabei gibt es nahezu überall freien Eintritt für Kinder unter 6 Jahren oder Preisermäßigungen und Familienkarten.

VINSCHGAU

WAALWEG ALTRATEIS–SCHLOSS JUVAL [119 E4]

Endlich eine Wanderung, bei der es nicht steil bergauf geht! Hier ist ein plätschernder Waal der Wegweiser, einer der vielen Vinschgauer Bewässerungskanäle; dieser führt von Altrateis nach Schloss Juval. Auf der

MIT KINDERN UNTERWEGS

Weide beim nahen Biohof finden sich heimische und exotische Tiere wie Lamas, Wollschweine und Shetlandponys. *Buschenschank Schlosswirt Juval | Di abends und Mi geschl. | Juval | Staben bei Naturns | Tel. 04 73 66 82 38* | €

Nach Altrateis in Schnals fährt ein Bus ab Schnalser Hof (Eingang ins Schnalstal), für die Rückkehr zum Schnalser Hof steht ein Shuttlebus zur Verfügung.

MERANER LAND

PFLEGEZENTRUM FÜR VOGELFAUNA [119 F3]

Unterhalb von Schloss Tirol werden verletzt aufgefundene Vögel gesund gepflegt. Sobald ein Tier wieder fit ist, darf es in die freie Wildbahn zurück, bis dahin bleibt es in einer der über zwanzig Volieren. Zweimal täglich finden Greifvögel-Flugvorführungen statt *(11.15 u. 15.15 Uhr, im Winter nur an Sonn-*

und Feiertagen um 15 Uhr). April–Nov. Di–So 10.30–17, Nov.–März So 13.30–16.30 Uhr | Eintritt 6 Euro, Kinder 3 Euro | Zugang über Dorf Tirol (Schlossgasthaus) | Schlossweg 25 | www.gufyland.com

EISACKTAL

Insider Tipp

KNEIPPVERGNÜGEN [121 D4]

In Vahrn bei Brixen gibt es eine frei zugängliche Wassertretanlage. Kinder brauchen wohl keine Anleitung, um mit dem eiskalten Schalderer Bachwasser ihren Spaß zu haben. Für ernsthafte Kneippkur-Anwärter gibt es eine Anleitung auf einer Tafel. Und wird es zu kalt, geht's ab zu den nahen Spielgeräten. Der Fußweg führt von Vahrn kurz nach der südlichen Dorfeinfahrt (großer beschilderter Parkplatz) in wenigen Minuten zur Wassertretanlage.

Insider Tipp

MINERALIENMUSEUM TEIS [121 D4]

Der Sammlerleidenschaft von Paul Fischnaller ist es zu verdanken, dass in Villnöß unzählige funkelnde Schätze zu sehen sind. Darunter sind auch die berühmten „Teiser Kugeln", deren unscheinbares Äußeres faszinierende Minischatzkammern aus verschiedenen Mineralien umschließt. Für Kinder gibt es eigene Führungen *(Anmeldung erforderlich | 10 Euro | Tel. 04 72 84 45 22). Ostern–Okt. Di–Fr 10–12 u. 14–16, Sa/So 14–17 Uhr | Eintritt 3 Euro, Kinder 1 Euro | Villnöß | Vereinshaus Teis | www.mineralienmuseum-teis.it*

BOZEN & UMGEBUNG

NATURPARKHAUS SCHLERN [125 D3]

In Tiers, am Beginn des einmalig schönen Tschamintals, steht am Bach die „Steger Säge", eine voll funktionsfähige wasserbetriebene Sägemühle. Das Haus des ehemaligen Müllers beherbergt das Informationszentrum des Naturparks Schlern. Unterhaltsame Führungen erläutern die Funktion der Säge, Holzverarbeitung, Wassernutzung, Natur und Umwelt. Es gibt Themennachmittage für Kinder von 6 bis 12 Jahren *(Juli/Aug. Do 15–17 Uhr). Mitte Juni–Sept. Di, Mi, Fr, Sa 9.30–12.30 u. 15.30–18.30 Uhr, Juli/Aug. auch So | Eintritt frei | Weißlahnbad bei Tiers*

RITTNER ERDPYRAMIDEN [124 C3]

Schon die Anreise mit der Seilbahn von Bozen nach Oberbozen ist aufregend. Oben fährt noch die kleine Schmalspurbahn zwischen Maria Himmelfahrt und der Endstation Klobenstein, von dort aus führt ein Spazierweg in 30 Minuten zu den Erdpyramiden ins Finsterbachtal bei Lengmoos. Die eindrucksvollen, bis zu 20 m hohen Pyramiden wurden von der Witterung aus dem Moränenschutt der Eiszeitgletscher geformt. Ein ebener Weg mit hölzernen Stegen und Brücken quert den Hang oberhalb der Pyramiden. *Rückweg: Markierung Nr. 1, Gehzeit ca. 1 Std. | Seilbahn in Bozen: Rittner Str. 12, Fahrkarte: 3,50 Euro hin und zurück | Bahn Oberbozen–Klobenstein: Fahrkarte 2,50 Euro einfache Fahrt*

ÜBERETSCH/UNTERLAND

RASTENBACHKLAMM [124 B4]

Ein abenteuerlicher Weg verbindet Altenburg mit dem Kalterer See. Er schlängelt sich durch die enge Schlucht des Rastenbachs, vorbei an stimmungsvollen Ruinen und Wasserfällen. Auf dem Weg gibt es jede Menge zu entdecken: eine uralte Kirchenruine, geheimnisvoll in den Fels Gemeißeltes und Reste einer Befestigungsanlage. Über Leitern und Brücken geht es bergab, robuste Geländer sichern den Weg. Der Weg durch die Rastenbachklamm ist bis zum Kalterer See sehr gut beschildert. *Beste Zeit: Frühjahr und Herbst ,1,5 Stunden reine Gehzeit (feste Wanderschuhe!), Start bei der Kirche | Altenburg bei Kaltern*

PUSTERTAL

LODEN ERLEBNISWELT [121 E3]

Wer hätte gedacht, dass die Herstellung von Hosen, Jacken oder Fäustlingen so spannend sein kann: Die Reise in die Welt des Lodens, des traditionellen Kleidungsstoffs der ländlichen Bevölkerung, beginnt bei der blökenden Schafherde und ihrem kostbaren Wollkleid. Im Kleiderlabyrinth lässt sich zwischen riesigen Hosen und Jacken Verstecken spielen. In Multimediaräumen wird das Gebirgsklima simuliert, vor dem der warme und wetterfeste Loden schützt – ein Erlebnismuseum der kindgerechten Art. *Mo–Sa 9.30–17.30 Uhr, Ostern–Ende Dez. auch So 11–17 Uhr, Juli/Aug. 9–18.30 Uhr | Eintritt 4,25 Euro, Kinder 1,50 Euro | Vintl | Pustertaler Straße*

LADINIEN

MÜHLENTAL BEI CAMPILL [122 B5]

Bei der Rundwanderung durchs Mühlental am Seres-Bach bei Miscì wird klappernd und rauschend die Alltagskultur der Bergbauern des Campiller Tals lebendig. Wasserrinnen, Schleusen und Sperren leiten das Wasser des Bachs auf die hölzernen Räder. Alle sieben Mühlen sind saniert, die erste ist zu besichtigen. *Eintritt frei*

Das Campiller Tal zweigt bei St. Martin in Thurn westlich ab, vom Parkplatz oberhalb der Kirche von Campill sind es auf dem Wanderweg 4 ca. 40 Minuten zur ersten Mühle.

Dorffest im Sarntal: Die drei haben sich dafür zünftig herausgeputzt

> VON ANREISE BIS ZOLL

Urlaub von Anfang bis Ende: die wichtigsten Adressen und Informationen für Ihre Südtirol-Reise

ANREISE

AUTO

Vom Norden kommend, führt die direkteste Anreise nach Südtirol über die mautpflichtige Brennerautobahn A 22. Ausfahrten gibt es ins Gadertal und ins Pustertal. Nach Gröden oder zur Seiseralm/Schlerngebiet führt die Ausfahrt Klausen, nach Bozen und in das Rosengarten-Latemargebiet die Ausfahrt Bozen-Nord, von Bozen nach Meran die MEBO (erreichbar über die Ausfahrt Bozen-Süd).

Wer von Österreich über den Reschen einreisen will, verlässt die Autobahn A 12 bei Landeck. Die gut ausgebaute B 180 hat nach 54 km am Reschenpass Anschluss an die italienische Staatsstraße SS 40. Von Osten, über das osttirolerische Lienz kommend, betritt man in Vierschach bei Innichen italienisches Staatsgebiet. Sowohl die Pustertaler als auch die Vinschgauer Staatsstraßen sind nur teilweise ausgebaut und speziell zur Hauptreisezeit stark verkehrsbelastet.

Reisende aus der Schweiz nehmen am besten die Route über den Ofenpass in Graubünden und überqueren die Grenze am Übergang in Taufers. Da es sich um keine innerstaatliche EU-Grenze handelt, kann die Ausweis- und Zollkontrolle der italienischen Grenzbeamten manchmal kleinlich ausfallen.

PRAKTISCHE HINWEISE

Von Hamburg, Berlin und Düsseldorf gibt es Autozüge nach Bozen, im Sommer auch von Dortmund aus. Sie verkehren je nach Abfahrtsort an bestimmten Wochentagen, in manchen Wintermonaten aber auch gar nicht. *Auskunft und Katalog: DB Autozug GmbH | Königswall 21 | 44137 Dortmund | Tel. 0180/524 12 24(0,12 Euro/Min.) | Fax 0180/512 20 00 (0,12 Euro/Min.) |* www.db-autozug.de

BAHN

Zwischen den Städten München, Innsbruck und Bozen gibt es gute Bahnverbindungen. Fahrplan- und Preisauskunft – auch über die Verbindungen nach Italien – erteilt die Deutsche Bahn: www.bahn.de. Auskünfte der italienischen Bahn *(ferrovie dello stato)* sind unter www.trenitalia.com in Italienisch und Englisch abrufbar, zur Vinschger Bahn unter www.vinschgerbahn.it. Auskünfte über Bus- und Zugverbindungen gibt auch www.sii.bz.it. Für Verbindungen aus Österreich über das Pustertal: www.oebb.at.

FLUGZEUG

Bozen verfügt über einen eigenen Flughafen, dessen Liniennetz weiter ausgebaut werden soll. Informationen: *Flughafen Bozen | Tel. 04 71 25 52 55 |* www.abd-airport.it

Linienflüge mit Ziel Innsbruck gibt es von Hannover und Wien, die Weiterreise nach Südtirol erfolgt dann per Bahn. *Tel. 0043/512 22 52 53 04 |* www.innsbruck-airport.com. Bei Flügen nach Bergamo/Mailand, Verona oder Venedig gibt es günstige Bustransferverbindungen nach Südtirol. www.suedtirol.info

AUSKUNFT

ENIT STAATLICHES ITALIENISCHES FREMDENVERKEHRSAMT

60329 Frankfurt | Kaiserstr. 65 | Tel. 069/23 74 34 | Fax 23 28 94 | enit.ffm@t-online.de | www.enit.de

SÜDTIROL MARKETING GESELLSCHAFT

Infos zu Südtirol und den einzelnen Tourismusvereinen der Gebiete sind über die Südtirol Marketing Gesellschaft erhältlich. *39100 Bozen | Pfarrplatz 11 | Tel. 04 71 99 99 99 | Fax 04 71 99 99 00 | info@suedtirol.info |* www.suedtirol.info

Weitere nützliche Adressen und Links: Offizielles Bürgernetz der Provinz Bozen, www.provinz.bz.it; Alpenverein Südtirol: *Bozen | Vintlerdurchgang 16 | Tel. 04 71 97 81 41 |* www.alpenverein.it; Internetseite der Tageszeitung „Dolomiten“: www.stol.it mit vielen aktuellen Themen

AUTO

In den meisten Städten gelten wegen der wenigen Parkplätze strenge Beschränkungen. Falschparken kann sehr teuer werden, der Abschleppwagen ist meist schnell zur Stelle.

Weiß umrandete Parkplätze sind für Anwohner, gebührenpflichtige sind blau markiert.

Die Promillegrenze liegt bei 0,5. Motorrad- und Mopedfahrer müssen auch bei Tag mit eingeschaltetem Licht fahren, ebenso die Autofahrer außerhalb geschlossener Ortschaften. Pflicht ist zudem das Tragen einer Warnweste bei Unfall oder Panne. Das Tempolimit auf Landstraßen liegt bei 90, auf Autobahnen bei 130, auf der Brennerautobahn vom Brenner bis Bozen bei 110 km/h.

Beim Einfahren in einen Kreisverkehr gilt es, die Vorfahrt zu achten. Bei großer Feinstaubbelastung werden in den größeren Städten örtlich und zeitlich begrenzte Fahrverbote verhängt..

BANKEN

Geöffnet sind Banken meist Mo–Fr 8.30–13 und 14.30–16.30 Uhr (in Touristenzentren oft auch länger). Kreditkarten wie Visa, Master Card und American Express werden in den größeren Hotels, Geschäften, an der Autobahn, bei der Bahn und in den Skipassbüros akzeptiert. Geldautomaten gibt es praktisch überall.

CAMPING

Informationen über Campingplätze der Region finden sich auf der Internetseite des Campingvereins Südtirol *www.camping.suedtirol.com* oder per E-Mail: *info@campingsuedtirol.com*. Einen Campingführer gibt es bei der Südtirol Marketing Gesellschaft: *www.suedtirol.info*

> BÜCHER & FILME

Spannendes Südtirol: Freiheitskämpfer und Vampire

- **Südtirols Küche – raffiniert einfach** – Ein sehr schön gestaltetes Kochbuch zu interessant verfeinerten Südtiroler Spezialitäten von Anneliese Kompatscher und Tobias Schmalzl
- **Schöne Welt, böse Leut** – Humorvoll-ironisch porträtiert Claus Gatterer in diesem Roman die Lebensverhältnisse in Südtirol in der Zeit des Faschismus.
- **Dolomiten** – Der Bildband von Jakob Tappeiner und Reinhold Messner ist voll eindrucksvoller Luftaufnahmen der Dolomiten.
- **1809 – Die Freiheit des Adlers** – Im Mittelpunkt steht der Freiheitskampf der Tiroler gegen die Truppen Napoleons. Ein Film mit Starbesetzung, Tobias Moretti spielt Andreas Hofer.
- **Agenten, Schieber, Profiteure** – Kriegsende und Neubeginn in Südtirol 1943–1945: Von Schloss Labers bei Meran aus wurden im Zweiten Weltkrieg von der SS gefälschte britische Pfundnoten in Umlauf gebracht und andere Geheimoperationen gelenkt, wie der Film zeigt.
- **Schatzkammer der Vielfalt. Naturparks in Südtirol** – Im Mittelpunkt dieser Dokumentation steht die einzigartige Landschaft der sieben Naturparks Südtirols.
- **Tanz der Vampire** – Die Blutsaugerparodie wurde in den 1960er-Jahren auf der Seiser Alm gedreht. Unvergesslich die Schneelandschaft, durch die sich Professor Abronsius seinem Schicksal nähert.

PRAKTISCHE HINWEISE

DIPLOMATISCHE VERTRETUNGEN

HONORARKONSULAT DER BUNDESREPUBLIK DEUTSCHLAND

39100 Bozen | Dr.-Streiter-Gasse 12 | Tel. 04 71 97 21 18 | Fax 04 71 97 57 79

ÖSTERREICHISCHES GENERALKONSULAT

20145 Mailand | Piazza del Liberty 8/4 | Tel. 02 78 37 43 | Fax 02 78 36 25

GENERALKONSULAT DER SCHWEIZ

20145 Mailand | Via Palestro 2 | Tel. 027 77 91 61 | Fax 02 76 01 42 96

GESUNDHEIT

EU-Bürger können in Südtirol den allgemeinen staatlichen Gesundheitsdienst in Anspruch nehmen. Als Anspruchsnachweis gilt die Europäische Krankenversicherungskarte EHIC bzw. eine provisorische Ersatzbescheinigung.

INTERNET

Südtirol ist im Internet gut vertreten, neben den Seiten der einzelnen Regionen sind die folgenden Websites hilfreich: *www.provinz.bz.it/museenfuehrer* (informiert über 82 Südtiroler Museen). Zur Urlaubsvorbereitung bis hin zur Hotelbuchung ist folgende Website nützlich: *www.suedtirol.info (SMG Südtirol Marketing Gesellschaft)*, sehr schön aufgemacht und sehr informativ ist auch die Seite *www.suedtirol.com*. Über das Wetter informiert *www.provinz.bz.it/wetter/suedtirol.htm*, die Verkehrsberichte stehen unter *www.provinz.bz.it/vmz/report*. Landkarten, auf denen Campingplätze, Restaurants, Hotels und Gasthöfe oder Sehenswürdigkeiten mit den dazugehörigen Informationen verzeichnet sind, finden Sie unter *www.info-suedtirol.com*. Aktuelle Veranstaltungen, Ausstellungen, Partys und Konzerte listen *www.inside.bz.it* und *www.eventguide.it* auf. Infos zu Wintersport in den Dolomiten, Skikarten und Skitouren gibt *www.dolomitisuperski.com*.

INTERNETCAFÉS

Bibliotheken und vereinzelte Internetcafès *(in Bozen z.B. Cafè Brennpunkt | Brennerstr. 77; MultiKulti | Dr.-Streiter-Gasse 9)* oder Internetpoints der Telefonanbieter bieten kostenpflichtigen Zugang ins Netz.

JUGENDHERBERGEN

Die Adressen der Jugendherbergen und mehrerer Jugend- und Bildungshäuser finden sich unter *www.jugendherberge.it*

KLIMA

Die Alpensüdseite wird besonders von der Sonne verwöhnt, es gibt weniger Niederschläge, und auch die Tiefdruckgebiete des Atlantiks beeinflussen kaum das Klima in Südtirol. Schlechtwetter zieht meist mit feuchten, milden Strömungen von der nahen Adria heran.

MIETWAGEN

Große Mietwagenfirmen sind in Bozen und auch in den wichtigeren Ferienorten mit eigenen Niederlassungen vertreten.

Bozen: Avis Autonoleggio | Tel. 04 71 97 14 67 | Piazza Verdi 18

Hertz Italia Autonoleggio | Tel. 04 71 98 14 11 | Via Garibaldi 34

Maggiore/Budget Rent a Car | Tel. 04 71 97 15 31 | Via Garibaldi 32

NOTRUF

Unter der Nummer 118 ist die zentrale Notrufstelle zu erreichen, deren Mitarbeiter den Anruf an Feuerwehr, Polizei, Rettung, Bergrettung oder Abschleppdienst des Automobilclubs weiterleiten.

ÖFFENTLICHE VERKEHRSMITTEL

Fahrkarten für Stadtbusse können an Automaten gelöst werden. Die *museumobil-Card* kombiniert Fahr- und Eintrittskarten in die Museen *(www.sii.bz.it/de/museumobilCard.php)*.

Fahrplanauskünfte erteilt der *Transportverbund | Tel. 800 84 60 47 (kostenfrei)*. Auf der Internetseite *www.sii.bz.it* können Sie sich selbst Ihren Fahrplan zusammenstellen.

ÖFFNUNGSZEITEN

Die öffentlichen Museen haben meistens am Montag Ruhetag, die privaten Museen hingegen unterschiedliche Öffnungszeiten. Die Post- und Telegrafenämter sind meist Montag bis Freitag von 8 bis 13.30 und Samstag von 8 bis 11.45 Uhr geöffnet (am letzten Tag des Monats oder zu speziellen Anlässen kürzer). Die Postbank ist auch am Samstagvormittag geöffnet.

In den großen Touristenzentren haben Restaurants und Gaststätten normalerweise während der Saison keinen Ruhetag. Die Essenszeiten in den Restaurants liegen üblicherweise zwischen 12 und 14 sowie 19 und 21 Uhr. In den Städten haben die Geschäfte üblicherweise Montag bis Freitag von 9 bis 12 und 15 bis 19 Uhr geöffnet, sasmtags von 9 bis 12 Uhr (größere Geschäfte auch samstags 15 bis 19 Uhr).

POST

Postsendungen von Italien ins Ausland müssen mit *posta prioritaria* frankiert werden, das Porto für einen Brief bis 20 g beträgt 65 Cent.

WETTER IN BOZEN

	Jan.	Feb.	März	April	Mai	Juni	Juli	Aug.	Sept.	Okt.	Nov.	Dez.
Tagestemperaturen in °C	5	9	14	19	22	27	29	28	24	18	11	6
Nachttemperaturen in °C	-3	-1	4	8	11	15	16	16	13	8	2	-2
Sonnenschein Std./Tag	3	4	5	6	6	7	8	7	6	5	3	3
Niederschlag Tage/Monat	4	3	6	7	10	9	8	8	8	7	7	5

PRAKTISCHE HINWEISE

PREISE & EINTRITT

Die Preise haben durchschnittliches europäisches Niveau. Teuer sind Restaurantbesuche, günstig Sport- und Designermoden, Schuhe, Lebensmittel, Wein, Spirituosen und Zigaretten. Der Eintritt für Museen liegt zwischen 2 und 8 Euro. Fast in jeder Disko wird Eintritt verlangt, dafür gibt es ein Freigetränk.

STROM

Nicht überall gibt es Schukostecker, entsprechende Adapter sollten daher im Gepäck nicht fehlen.

TELEFON & HANDY

Internationale Vorwahl für Deutschland: 0049, für Österreich 0043, für die Schweiz 0041. Bei einem Anruf nach Italien müssen Sie die 0039 vorwählen, dann wählen Sie die Anschlussnummer einschließlich der ersten Null.

Geschäftsstellen der Telefongesellschaft, Zeitungs- und Bahnhofskioske verkaufen Telefonwertkarten und Karten zum Aufladen der Mobiltelefone. Im gebirgigen Südtirol ist der Handyempfang nicht überall gewährleistet; geben Sie daher immer im Hotel das Ausflugsziel an, damit die Bergretter auch ohne Handy-Notruf wissen, wo sie im Notfall suchen müssen. Der Vermittlungsdienst für Anrufe innerhalb Europas ist über die Nummer 15 erreichbar. Nicht vergessen: Im Ausland bezahlen Sie auch, wenn Sie auf dem Handy angerufen werden. Mit einer italienischen Prepaid-Karte entfallen die Gebühren für eingehende Anrufe. Hohe Kosten verursacht die Mailbox: besser noch im Heimatland abschalten!

TRINKGELD

Als Richtwert für Trinkgeld gelten 5–10 Prozent des Rechnungsbetrages. In manchen Lokalen wird für Gedeck und Bedienung ein Zuschlag berechnet, der in Pizzerias meist 1–2 Euro ausmacht und im Restaurant zwischen 10 und 15 Prozent des Rechnungsbetrages liegen kann. Dann wird allerdings kein Trinkgeld erwartet.

WAS KOSTET WIE VIEL?

JAUSE	**10 EURO** für einen Tagesteller auf der Hütte
PIZZA	**8 EURO** für eine Pizza
KAFFEE	**1,10 EURO** für einen Espresso
WEIN	**1,50 EURO** für ein Glas Tischwein
BENZIN	**1,34 EURO** für 1 l Superbenzin
SKILIFT	**AB 25 EURO** für eine Tageskarte am Skilift

ZOLL

EU-Bürger können Waren des persönlichen Gebrauchs innerhalb der Gemeinschaft frei ein- und ausführen, Grenzen gibt es bei Wein (90 l), Zigaretten (800 Stück) und Spirituosen (10 l). Bei der Einfuhr in die Schweiz sind Zigaretten (200 Stück), Wein bis zu 2 l und Spirituosen (ab 15% Vol.) bis zu 1 l zollfrei, bei Mengen bis zu 20 l werden 0,60 Franken pro Liter Zollgebühr fällig.

Passstraße zum Grödner Joch

> UNTERWEGS IN SÜDTIROL

Die Seiteneinteilung für den Reiseatlas finden Sie auf dem hinteren Umschlag dieses Reiseführers

REISE ATLAS

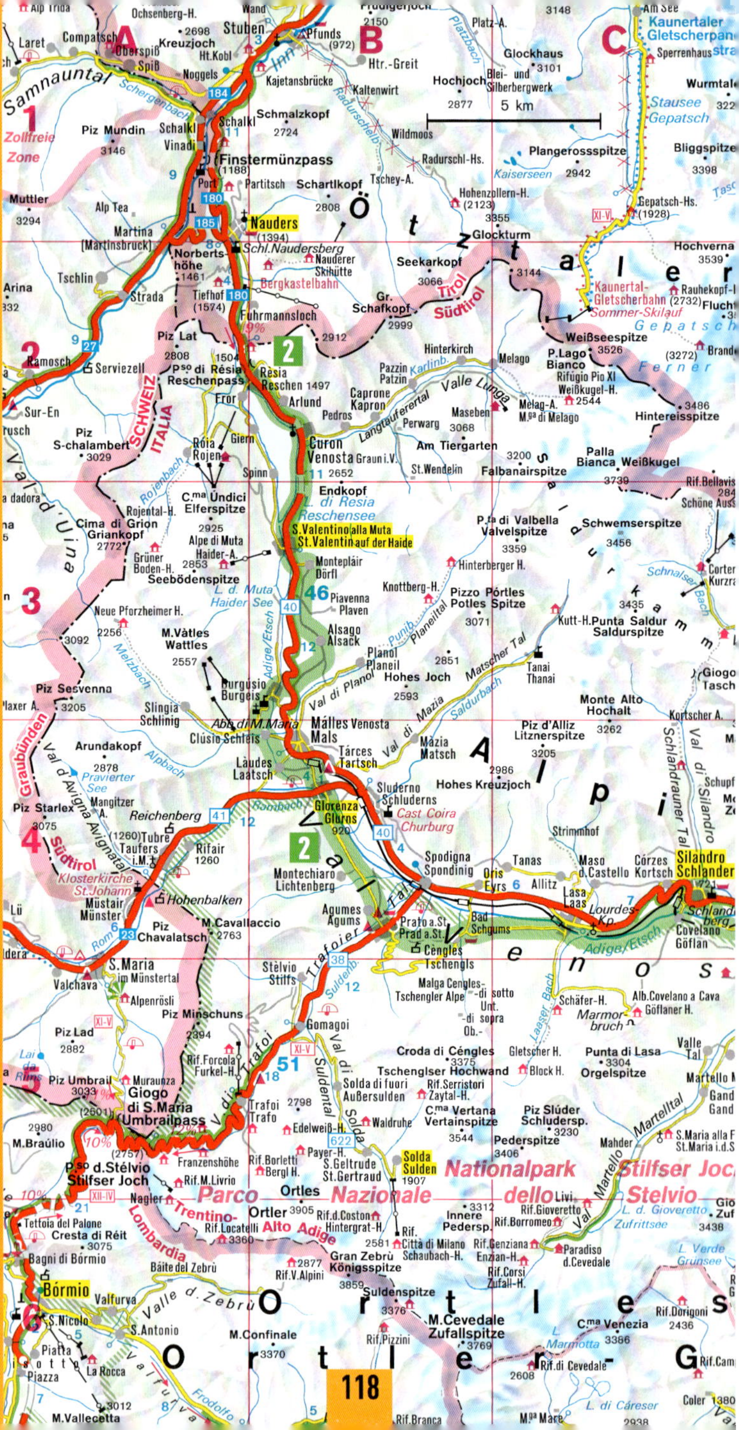

A
B
C
1
2
3
4
5
6
5 km
Ochsenberg-H.
Stuben
Pfunds
(972)
Compatsch
Laret
Oberspiß
Spiß
Kreuzjoch
Ht.Kobl
Noggels
Samnauntal
Schergenbach
Zollfreie Zone
Inn
Htr.-Greit
Kajetansbrücke
Kaltenwirt
Radurschelb.
Platz-A.
Platzbach
Glockhaus
3101
Hochjoch
2877
Blei- und Silberbergwerk
Kaunertaler Gletscherpanoramastraße
Sperrenhaus
Wurmtal
Stausee Gepatsch
Schalkl
Schmalzkopf
2724
Piz Mundin
3146
Vinadi
Finstermünzpass
(1188)
Wildmoos
Radurschl-Hs.
Plangerossspitze
2942
Kaiserseen
Bliggspitze
3398
Partitsch
Schartlkopf
2808
Tschey-A.
Hohenzollern-H.
(2123)
Gepatsch-Hs.
(1928)
Muttler
3294
Alp Tea
Nauders
(1394)
Martina
(Martinsbruck)
Norbertshöhe
1461
Schl.Naudersberg
Nauderer Skihütte
Glockturm
3355
Hochverna
3539
Ötztaler
Tschlin
Strada
Tiefhof
(1574)
Bergkastelbahn
Fuhrmannsloch
Seekarkopf
3066
Gr. Schafkopf
2999
Tirol
Südtirol
3144
Kaunertal-Gletscherbahn
(2732)
Sommer-Skilauf
Rauhekopf-H.
Arina
Gepatsch Ferner
Piz Lat
2808
Pso di Résia
Reschenpass
1504
2912
Hinterkirch
Melago
P.Lago Bianco
Weißseespitze
3526
(3272)
Ramosch
Serviezell
Rèsia
Reschen 1497
Pazzin
Patzin
Karlinb.
Rifúgio Pio XI
Weißkugel-H.
2544
Sur-En
SCHWEIZ
ITALIA
Fror
Arlund
Caprone
Kapron
Pedros
Langtauferertal
Valle Lunga
Maseben
3068
Melag-A.
Mga di Melago
3486
Hintereisspitze
Piz S-chalambert
3029
Róia
Rojen
Giern
Curon Venosta
Graun i.V.
Perwarg
Am Tiergarten
Spinn
2652
St.Wendelin
3200
Falbanairspitze
Palla Bianca
Weißkugel
3739
Rif.Bellavista
Rojenbach
Cma Ùndici
Elferspitze
Endkopf
L. di Resia
Reschensee
Val d'Uina
Rojental-H.
Cima di Grion
Griankopf
2772
2925
Alpe di Muta
Haider-A.
S.Valentino alla Muta
St.Valentin auf der Haide
Pta di Valbella
Valvelspitze
3359
Schwemserspitze
3456
Salurnkamm
Schöne Aussicht
Grüner Boden-H.
2853
Seebödenspitze
Montepláir
Dörfl
Hinterberger H.
Schnalser Bach
L. d. Muta
Haider See
Adige/Etsch
Piavenna
Plaven
Knottberg-H.
Pizzo Pórtles
Potles Spitze
3071
3435
Neue Pforzheimer H.
2256
Alsago
Alsack
Punib.
Planeiltal
Kutt-H.
Punta Saldur
Salddurspitze
3092
M.Vàtles
Wattles
2557
Planol
Planeil
2851
Matscher Tal
Tanai
Thanai
Melzbach
Hohes Joch
2593
Giogo Tasch
Piz Sesvenna
3205
Burgúsio
Burgeis
Val di Planol
Saldurbach
Monte Alto
Hochalt
3262
Slingia
Schlinig
Abb.di M.Maria
Málles Venosta
Mals
Val di Mazia
Kortscher A.
Clúsio
Schleis
Piz d'Alliz
Litznerspitze
3205
Arundakopf
2878
Alpbach
Tárces
Tartsch
Màzia
Matsch
Alpi
Schlandrauner Tal
Val di Silandro
Pravierter See
Val d'Avigna
Làudes
Laatsch
2986
Sluderno
Schluderns
Hohes Kreuzjoch
Mangitzer A.
Piz Starlex
3075
Reichenberg
Rambach
Glorenza
Glurns
920
Cast Coira
Churburg
Strimmhof
Graubünden
(1260)
Tubre
Taufers i.M.
Rifair
1260
Val Venosta
Spodigna
Spondinig
Oris
Eyrs
Tanas
Allitz
Maso d.Castello
Còrzes
Kortsch
Silandro
Schlanders
Südtirol
Klosterkirche St.Johann
Montechiaro
Lichtenberg
Lasa
Laas
Lourdes-Kp.
Mústair
Münster
Hohenbalken
Agumes
Agums
Bad Schgums
Covelano
Göflan
Lü
M.Cavallaccio
2763
Piz Chavalatsch
Prato a.St.
Prad a.St.
Cengles
Tschengls
Adige/Etsch
Rom
S.Maria
im Münstertal
Stèlvio
Stilfs
Trafoier Tal
Suldenb.
Valchava
Malga Cengles-
Tschengler Alpe
-di sotto
Unt.
-di sopra
Ob.-
Schäfer-H.
Laaser Bach
Marmorbruch
Alb.Covelano a Cava
Göflaner H.
Alpenrösli
Piz Minschuns
Gomagoi
Val di Sulden
Piz Lad
2882
2394
Croda di Céngles
Gletscher H.
Punta di Lasa
3304
Orgelspitze
Valle Tal
Lai da Rims
Rif.Forcola
Furkel-H.
Tschenglser Hochwand
Block H.
3375
Martello
Piz Umbrail
3033
Murаunza
Giogo di S.Maria
Umbrailpass
(2501)
V. di Trafoi
Trafoi
Trafo
2798
Solda di fuori
Außersulden
Rif.Serristori
Zaytal-H.
Val di Solda
Suldental
Cma Vertana
Vertainspitze
3544
Piz Slúder
Schludersp.
3230
Martelltal
Gand
2980
M.Braúlio
Edelweiß-H.
Waldruhe
Pederspitze
3406
Mahder
S.Maria alla Fonte
St.Maria i.d.S.
10%
(2757)
Franzenshöhe
Rif.Borletti
Bergl H.
Payer-H.
S.Geltrude
St.Gertraud
Solda
Sulden
1907
Nationalpark Stilfser Joch
Pso d.Stélvio
Stilfser Joch
Rif.M.Livrio
Nagler
Parco Nazionale dello Stelvio
Ortles
Ortler
3905
Livi
3312
Val Martello
Tettoia del Palone
Cresta di Réit
3075
Trentino-Alto Adige
Rif.Locatelli
3360
Rif.d.Coston
Hintergrat-H.
Rif. Città di Milano
Schaubach-H.
2581
Innere Pedersp.
Rif.Gioveretto
Rif.Borromeo
L. d. Gioveretto
Zufrittsee
3438
Lombardia
Bagni di Bórmio
Báite del Zebrù
2877
Rif.V.Alpini
Gran Zebrù
Königsspitze
Rif.Genziana
Enzian-H.
Paradiso
d.Cevedale
Rif.Corsi
Zufall-H.
L. Verde
Grünsee
Bórmio
Valfurva
Valle d. Zebrù
3859
Suldenspitze
3376
M.Cevedale
Zufallspitze
3769
Cma Venezia
3386
Rif.Dorigoni
2436
Ortles
S.Nicolò
S.Antonio
M.Confinale
3370
Rif.Pizzini
L. Marmotta
Piatta
Isolaccia
La Rocca
Piazza
Rif.di Cevedale
2608
Ortler Gruppe
Rif.Casati
3012
Valfurva
Frodolfo
L. di Cáreser
Coler
1380
M.Vallecetta
Rif.Branca
Mga Mare
2938

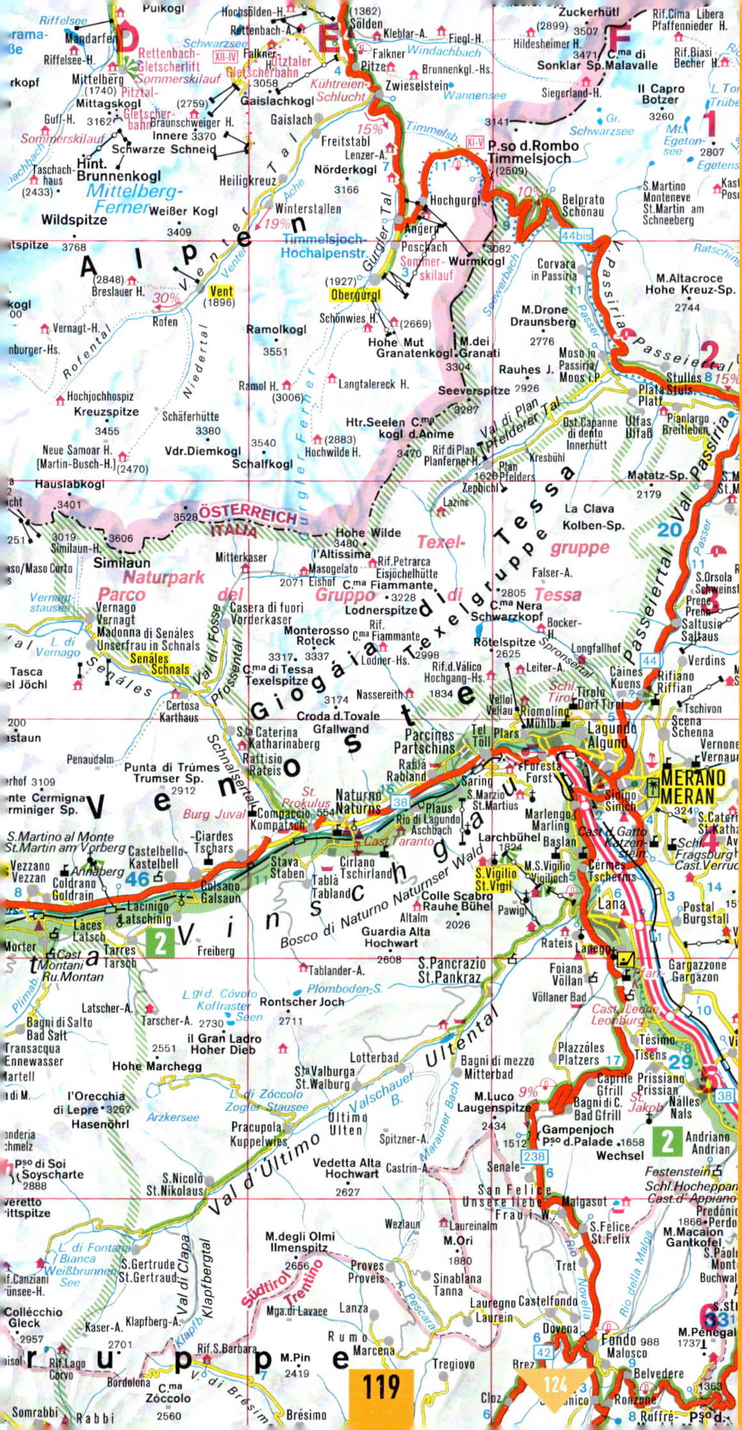

Pulkogl
Hochsölden-H.
Rettenbach-A.
Sölden
(1362)
Kleblar-A.
Fiegl-H.
Zuckerhütl
(2899)
3507
Rif.Cima Libera
Pfaffennieder H.
Riffelsee
Mandarfen
Riffelsee-H.
D
E
F
Rettenbach-Gletscherlift
Sommerskilauf
Schwarzsee
Falkner-H.
Ötztaler Gletscherbahn
Falkner
Windachbach
Pitze
Brunnenkgl.-Hs.
Hildesheimer H.
3471
C.ma di Sonklar
Sp.Malavalle
Rif.Biasi
Becher H.
Mittelberg
(1740)
Mittagskogl
Pitztal-Gletscherbahn
(2759)
3058
Gaislachkogl
Kühtreien-Schlucht
Zwieselstein
Wannensee
Siegerland-H.
Il Capro
Botzer
3260
L.Tor
Trübe
Gufl-H.
3162
Braunschweiger H.
Innere
3370
Gaislach
15%
Timmelsb.
3141
Gr.
Schwarzsee
Mt.
Egeten-see
2807
Egetens
Sommerskilauf
Schwarze Schneid
Freitstabl
Lenzer-A.
XI-V
P.so d.Rombo
Timmelsjoch
(2509)
Hint.
Brunnenkogl
Taschach-haus
(2433)
Heiligkreuz
Nörderkogl
3166
Mittelberg-Ferner
Weißer Kogl
Winterstallen
Hochgurgl
10%
Belprato
Schönau
S.Martino
Monteneve
St.Martin am Schneeberg
Wildspitze
3409
19%
Angern
Gurgler Tal
44bis
itspitze
3768
Alpen
Timmelsjoch-Hochalpenstr.
Poschach
Sommer-skilauf
3082
Wurmkogl
Corvara in Passiria
Ratsching
M.Altacroce
Hohe Kreuz-Sp.
2744
(2848)
Breslauer H.
Venter Tal
Vent
(1896)
(1927)
Obergurgl
Seewerbach
30%
Rofen
Schönwies H.
(2669)
M.Drone
Draunsberg
2776
V. Passiria
Passeiertal
kogl
Vernagt-H.
Niedertal
Ramolkogl
3551
Hohe Mut
Granatenkogl
M.dei Granati
3304
Rauhes J.
Moso in Passiria/
Moos i.P.
2
15%
Stulles
Stuls
Rofental
nburger-Hs.
Ramol H.
(3006)
Langtalereck H.
Seeverspitze
2926
Plata
Platt
Hochjochhospiz
Kreuzspitze
3455
Schäferhütte
3380
Gurgler Ferner
3287
Val di Plan
Pfelderer Tal
Ost.Capanne di dento
Innerhütt
Ulfas
Ulfaß
Pianlargo
Breitleben
Val Passiria
Htr.Seelen
kogl
C.ma d.Anime
(2883)
Hochwilde H.
Neue Samoar H.
(Martin-Busch-H.)
(2470)
Vdr.Diemkogl
3540
Schalfkogl
3470
Rif di Plan
Planferner H.
1628
Plan
Pfelders
Kresbühl
Matatz-Sp.
2179
Hauslabkogl
3401
Zepbichl
Lazins
La Clava
Kolben-Sp.
3528
ÖSTERREICH
ITALIA
3019
Similaun-H.
3606
Hohe Wilde
3480
l'Altissima
Texel-gruppe
Tessa
20
Passer
Similaun
Mitterkaser
Rif.Petrarca
Eisjöchelhütte
Naturpark
Masogelato
2071
Eishof
C.ma Fiammante
3228
Falser-A.
S.Orsola
Schweinst
Parco
del
Gruppo
di
2805
Tessa
Vernagt-stausee
Vernago
Vernagt
Madonna di Senáles
Unserfrau in Schnals
Casera di fuori
Vorderkaser
Lodnerspitze
C.ma Nera
Schwarzkopf
Bocker-
Prene
Saltusio
Saltaus
L. di Vernago
Monterosso
Roteck
Rif.
C.ma Fiammante
2998
Rötelspitze
2625
Spronsertal
Longfallhof
Passeiertal
44
Verdins
Val di Fosse
Senáles
Schnals
3317
3337
Lodner-Hs.
Rif.d.Válico
Hochgang-Hs.
Leiter-A.
Cáines
Kuens
Rifiano
Riffian
Tasca
el Jöchl
Pfossental
C.ma di Tessa
Texelspitze
Nassereith
1834
Velloi
Vellau
Tirolo
Dorf Tirol
Schl. Tirol
Tschivon
Certosa
Karthaus
3174
Croda d.Tovale
Riomoling
Mühlb.
5
Scena
Schenna
200
astaun
S.ta Caterina
Katharinaberg
Gflallwand
Parcines
Partschins
Tel
Töll
Plars
Lagundo
Algund
Vernone
Vernau
Penaudalm
Rattisio
Rateis
Rablà
Rabland
Foresta
Forst
MERANO
MERAN
Schnalsertal
St. Prokulus
Naturno
Naturns
Saring
erhof
3109
Punta di Trúmes
Trumser Sp.
2912
38
Plaus
S.Marzio
St.Martius
Sinigo
Sinich
324
S.Cateri
St.Katha
nte Cermigna
rminiger Sp.
Venosta
Burg Juval
Compaccio
Kompatsch
554
Rio di Lagundo
Aschbach
Marlengo
Marling
Baslan
Cast.d.Gatto
Katzenstein
S.Martino al Monte
St.Martin am Vorberg
-Ciardes
Tschars
Cast.Taranto
Larchbühel
1824
Schl. Fragsburg
Cast.Verruc
Av
Castelbello-
Kastelbell
Cirlano
Tschirland
M.S.Vigilio
Vigiljoch
Cérmes
Tscherms
Vezzano
Vezzan
Annaberg
46
Stava
Staben
Tablà
Tabland
S.Vigilio
St.Vigil
Coldrano
Goldrain
Colsano
Galsaun
Colle Scabro
Rauhe Bühel
Pawigl
Lana
Postal
Burgstall
14
Lacinigo
Latschinig
Bosco di Naturno Naturnser Wald
Altalm
Laces
Latsch
2
Val Venosta
2026
Rateis
Lanegg
Morter
Tarres
Tarsch
Freiberg
Guardia Alta
Hochwart
2608
Gargazzone
Gargazon
Cast.Montani
Ru.Montan
Tablander-A.
S.Pancrazio
St.Pankraz
Foiana
Völlan
Pfarr-
Plimab.
L.gi d. Cóvolo
Koflraster Seen
Plomboden-S.
Völlaner Bad
Rontscher Joch
Cast. Leone
Leonburg
10
Latscher-A.
Bagni di Salto
Bad Salt
Tarscher-A.
2730
2711
Tésimo
Tisens
Transacqua
Ennewasser
2551
il Gran Ladro
Hohe Dieb
Ultental
Plazzóles
Platzers
17
29
Martell
Hohe Marchegg
Lotterbad
Bagni di mezzo
Mitterbad
St.Valburga
St.Walburg
Caprile
Gfrill
Prissiano
Prissian
l'Orecchia di Lepre
3257
L. di Zóccolo
Zogler Stausee
Valschauer B.
M.Luco
Laugenspitze
9%
Bagni di C.
Bad Gfrill
St. Jakob
Nalles
Nals
38
Hasenöhrl
Arzkersee
Pracupola
Kuppelwies
Último
Ulten
Marauner Bach
2434
Gampenjoch
P.so d.Palade
1658
1512
Wechsel
2
Andriano
Andrian
P.so di Soi
Soyscharte
2888
S.Nicolò
St.Nikolaus
Val d'Último
Vedetta Alta
Hochwart
2627
Spitzner-A.
Castrin-A.
Senale-
238
6
San Felice
Unsere liebe Frau i.W.
Malgasot
Festenstein
Schl.Hocheppan
Cast.d'Appiano
Predónic
eretto
ittspitze
Wezlaun
Laureinalm
S.Felice
St.Felix
1866
Perdo
M.Macaion
Gantkofel
L. di Fontana Bianca
Weißbrunnen See
S.Gertrude
St.Gertraud
Val di Clapa
Klapfbergtal
M.degli Olmi
Ilmenspitz
2656
M.Ori
1880
Tret
Rio Novella
Rio della Malga
Buchwal
Proves
Proveis
Sinablana
Tanna
f.Canziani
ünsee-H.
Südtirol
Trentino
Laurengo
Laurein
Castelfondo
Collécchio
Gleck
2957
Kaser-A.
Klapfberg-A.
Mga.di Lavace
Lanza
R. Pescara
Dovena
33
M.Penegal
1737
2701
Rif.Lago Corvo
Rif.S.Barbara
Rumo
Marcena
42
Fondo
988
Malosco
gruppe
M.Pin
2419
Tregiovo
Brez
Belvedere
1363
Bordolona
C.ma Zóccolo
2560
V. di Brésimo
Cloz
Ronzone
Somrabbi
Rabbi
Brésimo
8
Ruffré-
P.so d.

124

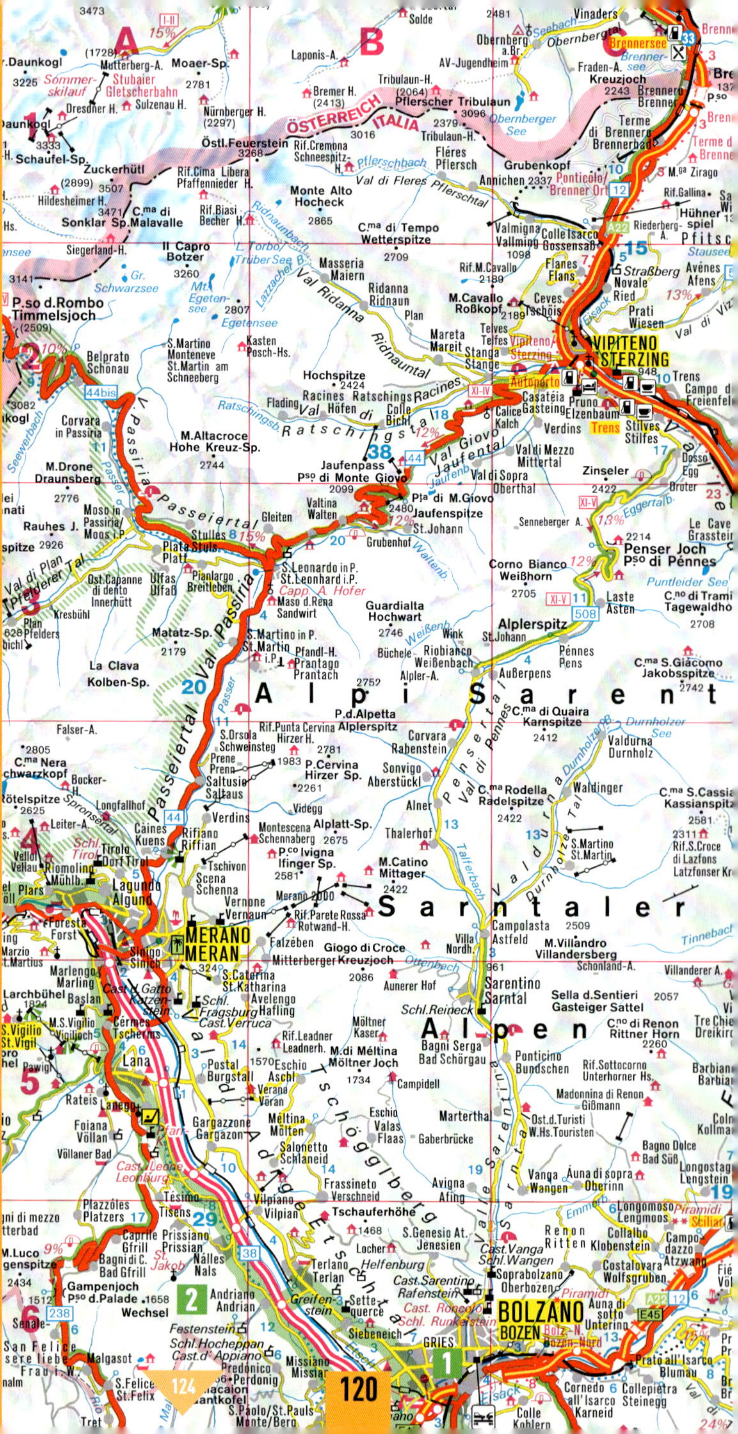

A
B
Daunkogl
Mutterberg-A.
Moaer-Sp.
Sommer-skilauf
Stubaier Gletscherbahn
Dresdner H.
Sulzenau H.
Nürnberger H.
Schaufel-Sp.
Zuckerhütl
Östl.Feuerstein
Hildesheimer H.
Sonklar Sp.
C.ma di Malavalle
Siegerland-H.
Il Capro Botzer
Laponis-A.
Solde
Bremer H.
Tribulaun-H.
Pflerscher Tribulaun
ÖSTERREICH
ITALIA
Rif.Cremona Schneespitz-H.
Pflerschbach
Val di Fleres
Pflerschtal
Flères Pflersch
Rif.Cima Libera Pfaffennieder H.
Rif.Biasi Becher H.
Monte Alto Hocheck
C.ma di Tempo Wetterspitze
Obernberg a.Br.
Obernbergtal
AV-Jugendheim
Vinaders
Seebach
Brennersee
Fraden-A.
Kreuzjoch
Brennero Brenner
Obernberger See
Terme di Brennero Brennerbad
Grubenkopf
Annichen
Ponticolo/ Brenner Ort
Rif.Gallina
Hühnerspiel
Riederberg-A.
Pfitsch
Valmigna Vallming
Colle Isarco Gossensaß
Flanes Flans
Straßberg Novale Ried
Prati Wiesen
Avénes Afens
Rif.M.Cavallo
M.Cavallo Roßkopf
Ceves Tschöis
Telves Telfes
Vipiteno/ Sterzing
VIPITENO STERZING
Trens
Campo di Freienfeld
Masseria Maiern
Ridanna Ridnaun
Val Ridanna
Ridnauntal
Plan
Mareta Mareit
Stanga Stange
Autoporto
Casatèia Gasteing
Pruno Elzenbaum
Calice Kalch
Verdins
Stilves Stilfes
L. Torbo/ Trüber See
Lazzacher B.
Ridnaunbach
P.so d.Rombo Timmelsjoch
Schwarzsee
Mt. Egetensee
Egetensee
S.Martino Monteneve St.Martin am Schneeberg
Kasten Posch-Hs.
Belprato Schönau
Hochspitze
Racines Ratschings
Flading
Val Höfen di Colle Bichl
Ratschingsbach
Ratschingstal
Racines
Corvara in Passiria
M.Altacroce Hohe Kreuz-Sp.
Jaufenpass P.so di Monte Giovo
Val Giovo Jaufental
Val di Mezzo Mittertal
Val di Sopra Oberthal
Zinseler
Dosso Egg
Pta di M.Giovo Jaufenspitze
St.Johann
Grubenhof
Senneberger A.
Eggertalb.
Penser Joch P.so di Pénnes
Le Cave Grasstein
Seewerbach
M.Drone Draunsberg
Passer
Val Passiria
Passeiertal
Moso in Passiria/ Moos i.P.
Rauhes J.
Valtina Walten
Gleiten
Stulles Stuls
Plata Platt
Val di Plan Pfelderer Tal
Ost.Capanne di dento Innerhütt
Ulfas Ulfaß
Pianlargo Breitleben
S.Leonardo in P. St.Leonhard i.P.
Capp. A. Hofer
Maso d.Rena Sandwirt
Guardialta Hochwart
Waltenb.
Corno Bianco Weißhorn
Laste Asten
C.no di Trami Tagewaldhorn
Puntleider See
Plan Pfelders
Kresbühl
Matatz-Sp.
S.Martino in P. St.Martin i.P.
Pfandl-H.
Prantago Prantach
Büchele
Riobianco Weißenbach
Wink
St.Johann
Alplerspitz
Alpler-A.
Pénnes Pens
Außerpens
C.ma S.Giácomo Jakobsspitze
La Clava Kolben-Sp.
Alpi Sarentine
P.d.Alpetta Alplerspitz
C.ma di Quaira Karnspitze
Durnholzer See
Valdurna Durnholz
Falser-A.
Rif.Punta Cervina Hirzer H.
S.Orsola Schweinsteg
Prene Prenn
Saltusio Saltaus
P.Cervina Hirzer Sp.
Corvara Rabenstein
Sonvigo Aberstückl
Penserta!
Val di Pennes
C.ma Rodella Radelspitze
Waldinger
C.ma S.Cassiano Kassianspitze
C.ma Nera Schwarzkopf
Bocker-H.
Rötelspitze
Longfallhof
Spronsertal
Leiter-A.
Caines Kuens
Rifiano Riffian
Verdins
Videgg
Montescena Schennaberg
Alplatt-Sp.
Alner
Thalerhof
Talferbach
Val Durna
Durnholzer Tal
S.Martino St.Martin
Rif.S.Croce di Lazfons Latzfonser Kreuz
Schl. Tirol
Tirolo Dorf Tirol
Vellau
Riomolino Mühlb.
Plars
Tschivon
Scena Schenna
P.co Ivigna Ifinger Sp.
M.Catino Mittager
Lagundo Algund
Vernone Vernaun
Merano 2000
Rif.Parete Rossa Rotwand-H.
Sarntaler
Foresta Forst
MERANO MERAN
Falzeben
Giogo di Croce Kreuzjoch
Mitterberger
Campolasta Astfeld
Villa Nordh.
M.Villandro Villandersberg
Schonland-A.
Tinnebach
Villanderer A.
Marzio St.Martius
Sinigo Sinich
Marlengo Marling
Ottenbach
Sarentino Sarntal
S.Caterina St.Katharina
Aunerer Hof
Sella d.Sentieri Gasteiger Sattel
Larchbühel
Cast.d.Gatto Katzenstein
Baslan
Schl. Fragsburg
Avelengo Hafling
Cast.Verruca
Schl.Reineck
Alpen
C.no di Renon Rittner Horn
Tre Chiese Dreikirchen
S.Vigilio St.Vigil
M.S.Vigilio Vigiljoch
Cérmes Tscherms
Rif.Leadner Leadnerh.
Möltner Kaser
M.di Méltina Möltner Joch
Bagni Serga Bad Schörgau
Ponticino Bundschen
Rif.Sottocorno Unterhorner Hs.
Barbiano Barbian
Lana
Pawigl
Postal Burgstall
Eschio Aschl
Campidell
Madonnina di Renon Gißmann
Rateis
Lanegg
Verano Vöran
Tschögglberg
Marterthal
Ost.d.Turisti W.Hs.Touristen
Colma Kollmann
Foiana Völlan
Gargazzone Gargazon
Méltina Mölten
Eschio Valas Flaas
Gaberbrücke
Völlaner Bad
Salonetto Schlaneid
Bagno Dolce Bad Süß
Cast.Leone Leonburg
Etsch
Frassineto Verschneid
Avigna Afing
Val Sarentino
Vanga Wangen
Auna di sopra Oberinn
Longostagno Lengstein
Tésimo Tisens
Plazzóles Platzers
Vilpiano Vilpian
Tschauferhöhe
Longomoso Lengmoos
Piramidi
Scilliar
Caprile Gfrill
Prissiano Prissian
S.Genesio At. Jenesien
Renon Ritten
Collalbo Klobenstein
Campodazzo Atzwang
M.Luco Laugenspitze
Bagni di C. Bad Gfrill
St. Jakob
Nalles Nals
Locher
Cast.Vanga Schl.Wangen
Terlano Terlan
Helfenburg
Soprabolzano Oberbozen
Costalovara Wolfsgruben
Gampenjoch P.so d.Palade
Wechsel
Andriano Andrian
Cast.Sarentino Rafenstein
Cast. Roncolo Schl. Runkelstein
Greifenstein
Sette querce
BOLZANO BOZEN
Bolz.-N. Bozen-Nord
Auna di sotto Unterinn
Senale
Festenstein
Siebeneich
GRIES
San Felice Unsere liebe Frau i.W.
Malgasot
Schl.Hocheppan Cast.d'Appiano
Predonico Perdonig
Missiano Missian
Prato all'Isarco Blumau
S.Felice St.Felix
Cornedo all'Isarco Karneid
Collepietra Steinegg
Colle Kohlern
S.Paolo/St.Pauls
Monte/Berg
Tret

124

Hohe Wand
Kraxentrager
Croda Alta
Pfitscher Joch
P.so di Vizze
Brennero/Brenner
Val di Vizze
Sasso Stein
Caminata Kematen
Pfitscher Tal
S.Giacomo St.Jakob i.Pf.
C.ma Grava Grabspitze
3058
Schönbichlerhorn
Furtschagl-Haus
Gr.Möseler
Mesule
Hochfeiler
Gran Pilastro
Rif.P.so P.te di Ghiaccio Eisbruggjoch-H.
L. di Neves Stausee
Eisbrugg see
Schwarzenstein
Sasso Nero
Rif. Vitt.Veneto Schwarzenstein-H.
5 km
Costa Molini Mühleck
S.Giovanni St.Johann
S.Martino St.Martin
Lutago di sopra Ob.-Luttach
Lutago Luttach
Riobianco Weissenb.
Rif.Porro Nevesjoch-H.
M.Spico Speikboden
Túres/Taufers
Molini di Túres Mühlen
Lappago Lappach
Val Selva dei Molini
Selva dei Molini Mühlwald
Mühlwalder Tal
P.so di Croce Wilde Kreuzspitze
Brixner H.
Duner Klamm
L. Sevaggio/ Wilder See
Mittlerer See
Mitterhofer
Fundres Pfunders
Val di Fundres
M.Gruppo Hohe Grubbachspitze
Tiefrasten-H.
M.Sommo Sambock
Tauferer Tal
Val di Túres
Ahrnbach
Trens
Flanes Flans
Mules Mauls
C.ma Piatta Plattspitze
Val di Valles
M.ga Fana Fanealm
Großer See
Wiesen-H.
Gitsch
Le Laste Schaldern
Pfunderer Tal
Hornanger
Vallarga Weitental
Marga Margen
Piramidi
Terento Terenten
Lasta di Dentro Innerast
Großberg
Valles Vals
Kieneralm
Vandóies di sotto Niedervintl
Vandóies di sopra Obervintl
S.Sigismondo St.Sigmund
Fálzes Pfalzen
S.Giórgio St.Georgen
Gais
Sacco Sack
Mezzaselva Mittewald
Bad Vals
Valser Tal
Maranza Meransen
Vandóies
Vintl
Rio di Pusteria Mühlbach
Villetta Dörf
Rienz
Ilstra Ilstern
Chiénes Kiens
BRUNICO BRUNECK
Isarco
Spinga Spinges
S.Benedetto Nauders
Roner-H.
Casteldarne Ehrenburg
Floronzo Pflaurenz
S.Lorenzo di S. St.Lorenzen
Unt.Flagger
Fortezza Franzensfeste
Flaggerbach
P.ta di Quaire Kar-Spitze
Vahrner See
Rodengo Rodeneck
Sciáves Schabs
Villpederer Hof
Alpe di Luson Lüsner Alpe
Hörschwang
Rif.Prato Croce Kreuzwiesen-H.
Mantana Montal
Val Gadera
S.Martino St.Martin
S.Stefano St.Stefan
Bressanone Brixen
Natz
Lusón Lüsen
Joasenhof
Onies Onach
Plan de Corónes Kronplatz
Salern
Scaleres Schalders
Varna Vahrn
Plose
Augustiner Stift
Elvas
Val di Luson
Lüsener Tal
Petschied
Longega Zwischenwasser
Pieve di Marebbe Plaiken
Schalderer Bach
BRESSANONE BRIXEN
Dom
S.Leonardo St.Leonhard
C.ma della Plose Plose Bühel
Rina Welschellen
Mantena Welschmontal
Milland Millan
Tiles Tils
Rif.Chiusa Klausener H.
Scezze Tschötsch
S.Andrea in M. St.Andrä
Plose, Plose-H.
Antermóia Untermoi
Piccolino Piccolein
Lasankenbach
Schl. Pallaus
Valcroce Kreuztal
Plancios Palmschoss
P.so d.Erbe Würzjoch
Roncaccio Rungatsch
Bagni di Antermóia Bad Untermoi
S.Martino in B. St.Martin in Thurn
Lazfons Latzfons
Snódres Schnauders
Velturno Feldthurns
Sarnes Sarns
Albes Albeins
Sass de Pútia Peitlerkofel
Coristeles
Mon.di Sabiona Kl.Säben
CHIUSA KLAUSEN
Fúnes Villnöß
Afersbach
Monte di Funes Munt
Tiso Teis
S.Pietro St.Peter
Funes Tal
Rif.Génova Schlüterhaus
Longiarù Campill
Pederoa
Gudon Gufidaun
Chiusa Klausen
Villnößtal
S.Maddalena St.Magdalena
Pizzago Pitzack
Zánnes Zannser A.
Misci Mischi
Campillbach
Badia Abtei
S.Croce Heiligkreuz
Gstammerhof
Bagni Froi Bad Froi
Le Odle Geisler Gruppe
Sass Rigais
Pedráces Petratsches
S.Leonardo St.Leonhard
Laion Lajen
Cevas Tschovas
S.Pietro St.Peter
Resciesa Raschötz
Rif.Resciesa Raschötz-H.
Seceda
P.te d.Púez Puezspitzen
Ponte Gardena Waidbruck
Parco Púez-Odle
Naturpark Puez-Geisler
Rif.Fermeda Fermeda-H.
Rif.Púez Puez-H.
La Villa Stern
Costadedoi
Schl. Trostburg
Val Gardena
Grödnerbach
Ortisei St.Ulrich
Tagusa Tagusens
Isarco
S.Giacomo St.Jakob
S.Cristina V. St.Christina in G.
Selva di V.G. Wolkenstn.i.Gr.
Colfosco Kollfuschg
Alta Badia
Bulla Pufels
Grödner Tal
Plan
Castelrotto Kastelruth
Laranza Laranz
Alpe di Siusi
Saltaria Saltner Schweige
M.Pana
M.Soura
Sasso Lungo Langkofel
P.so di Gardena Grödner Joch
Miramonti
Gruppo di Sella Sellagruppe
Corvara in Badia Corvara
Pralongià
S.Vigilio St.Vigil
Siusi Seis
Bellavista
Seiser Alm
S.Costantino St.Konstantin
Rázzes Bad Ratzes
Tiroler Schweige
P.so di Campolongo
Piz Boè
Arabba
Varda
Cherz
Schlern
M.Sciliar Schlern
Rif.Bolzano Schlernhaus
M.ga di Giogo Zallinger-H.
P.so di Sella Sellajoch
Col Rodella
P.so Pordoi
Livinallongo del Col di Lana
Umes Ums
Rif.A.di Siusi Seiser-Alm-Haus
Parco d. Sciliar
Bagni di Lavina Bianca Weißlahnbad
Tschamintal
Duron
Gries
Rif.Belvedere
la Mesola
Lago di Fedaia
Tires Tiers
S.Cipriano St.Cyprian
Catináccio d'Antermóia Kesselkogel
Rif.Antermóia
Campestrin
Fontanazzo
Mazzin
Canazei
Penia
Rif.Castiglioni
P.so di Fedáia
Alba

125

A
B
C
D
2
3
4
5
6
Zillertaler Alpen
Floitenturm
2805
Steinbock
Floitenbach
Floitental
Busverkehr
Stillupphaus
Roßwandspitze
3158
Grüne Wand Haus
(1438)
Kasseler Hütte
Greizer Hütte
3089
Schwarzensee
Wollbachspitze
3269
Gr.Löffler 3376
P.di Valle
ÖSTERREICH
ITALIA
Mitterhütten
2874
Napfspitz
3193
C.ma Cadini
Heiliggeist-jöchl
2658
Rauchkofel
3251
M.Fumo
Krimmler Tauern
2982
F.lla di Campo
Fonte a Trinkst
Pratomagno
Prastmann
Casere
Kasern
Predoi 1595
Prettau
Canova
Neuhaus
18%
10
Rif.Gio Lenkjöc
M.Lovello
S.Pietro
St.Peter
S.Giácomo
St.Jakob i.Ahrn
Gabelspitze
3071
Löffels
Schwarzenstein
3370
Sasso Nero
Rif Vitt.Veneto
Schwarzen-stein-H.
Valle Aurina
Cadipietra
Steinhaus 1145
Ahrntal
Costa Molini
Mühleck
S.Giovanni
St.Johann
S.Martino
St.Martin
M.ga dei Dossi
Knutten-Alm
1925
2298
P.so di Gola
Klammljoch
Aurina
Rieser-ferner-Ahrn
Ries
C.ma Dura
Durreck
3130
Triangolo di Riva
Dreieckspi
3031
Lutago di sopra
Ob.-Luttach
Lutago
Luttach
Riva di Túres
Rein-Taufers
Rainbach
Sasso Lungo di Collato
3236
L. di Neves
Neves-Stausee
Porro
Riobianco
Weissenb.
Rif.Roma
Hochgall-H.
2273
Reintal
18%
621
Campo Túres
Sand i.Taufers
26%
Rieserfernergruppe
Vedrette di Ríes
M.Spico
Speikboden
2523
874
Túres/Taufers
Molini di Túres
Mühlen
862
Valle di Riva
3436
Collalto
Hochgall
15%
Selva dei Molini
Mühlwald
Mühlwalder B.
dei Molini
Mühlwalder Tal
Caminata di Túres
Kematen
Croda Nera
Schwarze Wand
3106
L. d.'Anterselve
Antholzer See
Parco Vedrette di Ries Naturpark
Tauferer Tal
Ahrnbach
M.Sommo
Sambock
2418
Villa Ottone
Uttenheim
840
12
7%
Riomolino
Mühlbach
Bagni di Riomolino
Mühlbach-Bad
Anterselva di mezzo
Antholz-Mittertal
Antholzer Tal
Anterselva
Antholz Ob
Bagni Mezzaval
Stampferbad
Villa Dörfl
Piramidi
Winnebach
Val di Túres
Gais
Anterselva di Sotto
Antholz Niedertal
M.ga Campobove
Ochsenfelder A.
Cast.di Chela
Schl.Kehlburg
Bagni di Salomone
Bad Salomonsbrunn
Rasun
Anterselva
S.Giórgio
St.Georgen
Fálzes
Pfalzen
VII/2008
Villa Sta Caterina
Aufhofen
Vila di sopra
Oberwielenb.
Wielenbach
Taistner A.
Rasen
Antholz
M.Novale
Eisa
2493
12%
Chiénes
Kiens
9
BRUNICO
BRUNECK
4
835
Teodone
Dietenheim
Perca
Percha
Val di Anterselva
Rasun di Sopra
Ob.Rasen
Rienz
29
6
Florónzo
Pflaurenz
S.Lorenzo di S.
St.Lorenzen
Cast.Lamberto
Schl.Lamprechtsburg
Rasun di Sotto
Nd.-Rasen
Tésido
Taisten
Prati di Tesido
Wiesen-Pi
Riscone
Reischach
di Sotto
Ndr.
Valdaora
Olang
di Mezzo
Mitter
49
Mantana
Montal
S.Martino
St.Martin
S.Stefano
St.Stefan
di Sopra
Ober-
Novale
Ried
Monguelfo-Te
Welsberg-Tai
Pusteria
Gader
244
Croce
25%
Sorafurcia
Geiselsberg
26
Onies
Onach
10
Plan de Coróne
Kronplatz
2272
Bagni di Pervalle
Bad Bergfall
Unter-gasse
Longega
Zwischenwasser
Pieve di Marebbe
Plaiken
Rif.Fúrcia
Furkel-H.
1737
S.Vito
St.Veit
Rina
Welschellen
Marebbe
Enneberg
Bráies di dentro
Innerprags
Ferrara
Schmieden
Bráies
Prags
Mantena
Welschmontal
S.Vigilio
St.Vigil
1193
Alter Kaser
Pragser Tal
18%
Antermóia
Untermoi
Piccolino
Piccolein
11%
V.di S.Vigilio
St.Vigil Tal
Naturpark
Fanes-Sennes-
Parco Fánes Sènnes
Croda d.Becco
Seekofel
2810
L. di Bráies/
Pragser Wildsee
Prags
Lasankenbach
X-V
Bagni di Antermoia
Bad Untermoi
S.Martino in B.
St.Martin in Thurn
Rif.Biella
Seekofel-H.
2300
2004
de Pútia
2874
Coristeles
la Valle
Wengen
Valle di Tamóres
Rif.Sennes
Sennes-H.
2126
Trentino-Alto Adige
Veneto
Longiarù
Campill
Pederoa
Spessa
1700
Tamóres
Tamers
Rau-tal
Rif.Pederù
1548
Croda Ro
Hohe G
Misci
Mischi
Campillbach
Badia
C.ma Dieci
Zehnerspitze
28%
M.ga Ra Stua
1688
Abtei
S.Croce
Heiligkreuz
3023
Rif.la Varella
Rif.Fánes
Alpe Fánes piccola
Kl.Fanesalpe
Ospitale
S.Uberto
Pedráces
Pedratsches
S.Leonardo
St.Leonhard
Sasso d.Croce
Kreuzkofel
2172
P.so di Limo
Limajoch
d'Ampezzo
28%
Podesta
51
18
d.Púez
zspitzen
2915
Parco Púez-Odle
Rif.Puéz
Puez-H.
Naturpark
Puez-Geisler
1387
La Villa
Stern
Costadedói
S.Cassiano
St.Kassian
3055
La Varella
Gadertal
Gaderbach
14%
Gliera
Glira
M.Cavallo
2312
Travenanzes
Parco Dolomiti d'Ampezzo
Le Tofane
Tofana di mezzo
3244
Rif.Cantore
15%
Colfosco
Kolfuschg
1615
Alta Badia
13
243
16
Corva

125

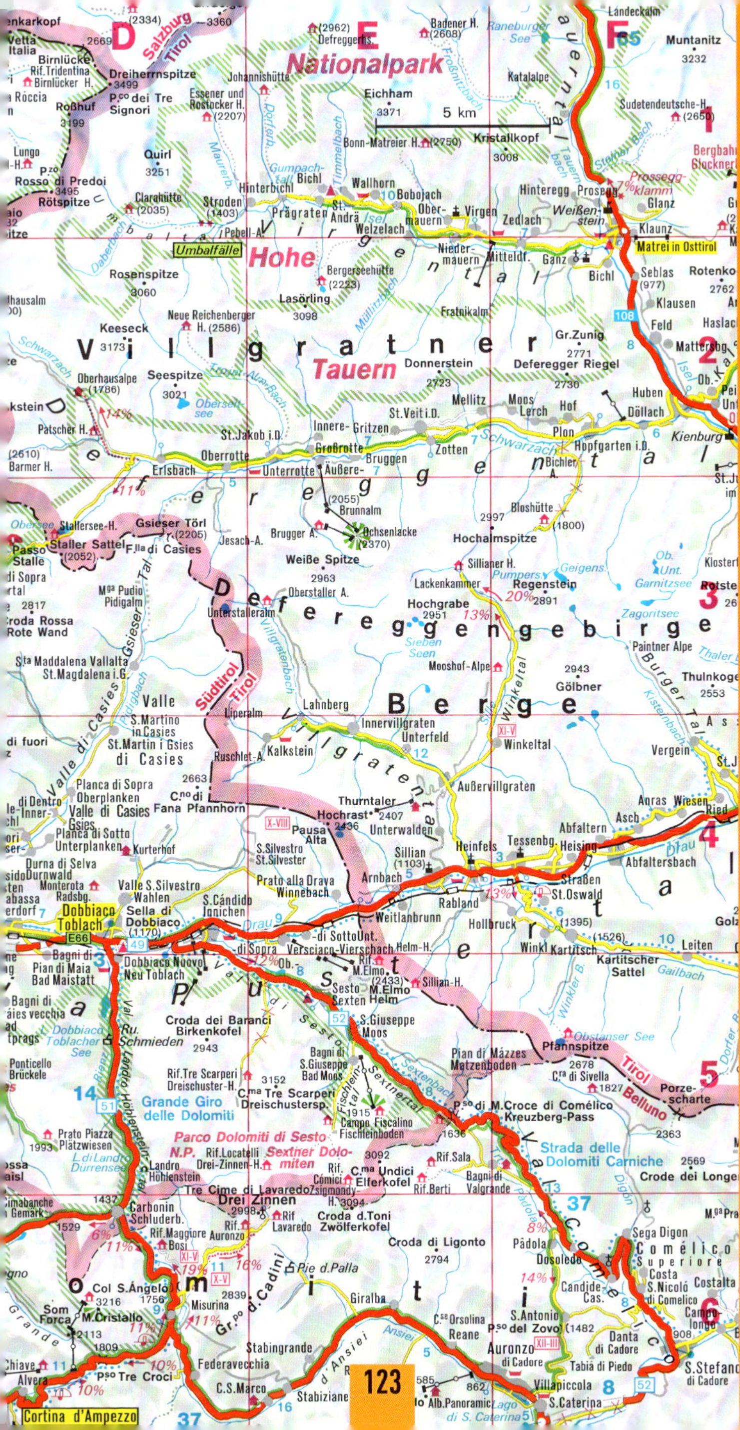

Nationalpark
Hohe
Tauern
Villgratner
Defereggental
Defereggengebirge
Berge
Villgratental
Virgental
Pustertal
Dolomiti
Comelico
5 km
Dreiherrnspitze 3499
Rötspitze
Quirl 3251
Clarahütte (2035)
Stroden (1403)
Umbalfälle
Rosenspitze 3060
Hinterbichl
Prägraten
St. Andrä
Wallhorn
Bobojach
Obermauern
Virgen
Welzelach
Niedermauern
Mitteldf.
Zedlach
Ganz
Bichl
Matrei in Osttirol
Prossegg
Weißenstein
Glanz
Klaunz
Seblas (977)
Klausen
Feld
Mattersbg.
Huben
Döllach
Kienburg
Eichham 3371
Kristallkopf 3008
Bonn-Matreier H. (2750)
Essener und Rostocker H. (2207)
Johannishütte
Defreggerh.
Badener H. (2608)
Raneburger See
Landeckalm
Muntanitz 3232
Katalalpe
Sudetendeutsche-H. (2650)
Lasörling 3098
Bergerseehütte (2223)
Neue Reichenberger H. (2586)
Keeseck 3173
Seespitze 3021
Obersee
Oberhausalpe (1786)
Patscher H.
Barmer H.
Donnerstein 2723
Gr. Zunig 2771
Defregger Riegel 2730
Mellitz
Moos
Lerch
Hof
Plon
St. Veit i. D.
Innere-Gritzen
Großrotte
Bruggen
Zotten
Hopfgarten i. D.
St. Jakob i. D.
Oberrotte
Unterrotte
Äußere-
Erlsbach
Brunnalm (2055)
Ochsenlacke (2370)
Brugger A.
Jesach-A.
Bloshütte (1800)
Hochalmspitze
Sillianer H.
Regenstein 2891
Lackenkammer
Hochgrabe 2951
Sieben Seen
Mooshof-Alpe
Weiße Spitze 2963
Oberstaller A.
Unterstalleralm
Staller Sattel (2052)
Stallersee-H.
Gsieser Törl (2205)
F.lla di Casies
Passo Stalle
Mga Pudio Pidigalm
Croda Rossa Rote Wand 2817
Sta Maddalena Vallalta St. Magdalena i. G.
Valle di Casies
S. Martino in Casies St. Martin i Gsies
Südtirol
Tirol
Liperalm
Lahnberg
Innervillgraten
Unterfeld
Kalkstein
Ruschlet-A.
Winkeltal
Außervillgraten
Thurntaler 2407
Hochrast 2436
Pausa Alta
Unterwalden
Planca di Sopra Oberplanken
Planca di Sotto Unterplanken
C.no di Fana Pfannhorn 2663
Kurterhof
S. Silvestro St. Silvester
Prato alla Drava Winnebach
Sillian (1103)
Arnbach
Heinfels
Tessenbg.
Heising
Abfaltern
Abfaltersbach
Asch
Anras
Wiesen
Ried
Vergein
Gölbner 2943
Paintner Alpe
Thulnkogel 2553
Zagoritsee
Garnitzsee
Straßen
St. Oswald
Rabland
Hollbruck
Winkl
Kartitsch (1395)
Kartitscher Sattel (1526)
Leiten
Weitlanbrunn
Versciaco-Vierschach
Helm-H.
Rif. M. Elmo (2433)
Sillian-H.
Sesto Sexten
M. Elmo Helm
S. Giuseppe Moos
Dobbiaco Toblach
Sella di Dobbiaco (1170)
S. Cándido Innichen
Valle S. Silvestro Wahlen
Monterota Radsbg.
Durna di Selva Durnwald
Bagni di Pian di Maia Bad Maistatt
Dobbiaco Nuovo Neu Toblach
Croda dei Baranci Birkenkofel 2943
Rif. Tre Scarperi Dreischuster-H.
C.ma Tre Scarperi Dreischusterсp. 3152
Bagni di S. Giuseppe Bad Moos
Campo Fiscalino Fischleinboden
Pian di Mázzes Matzenboden
Pfannspitze 2678
Cra di Sivella 1827
Obstanser See
Porze-scharte
Belluno
P.so di M. Croce di Comélico Kreuzberg-Pass 1636
Strada delle Dolomiti Carniche
Crode dei Longerin 2569
Grande Giro delle Dolomiti
Parco Dolomiti di Sesto N.P. Sextner Dolomiten
Rif. Locatelli Drei-Zinnen-H.
C.ma Undici Elferkofel 3092
Rif. Cómici Zsigmondy-H.
Rif. Sala
Rif. Berti
Bagni di Valgrande
Tre Cime di Lavaredo Drei Zinnen 2998
Croda d. Toni Zwölferkofel 3094
Rif. Lavaredo
Rif. Auronzo
Croda di Ligonto 2794
Landro Höhlenstein
Carbonin Schluderb. 1437
Rif. Maggiore Bosi
Lago di Landro Dürrensee
Prato Piazza Plätzwiesen 1993
Dobbiaco Toblacher See
Ru. Schmieden
Ponticello Brückele
Col S. Angelo 1756
M. Cristallo 3216
Som Forca 2113
Misurina
Gr.po d. Cadini 2839
Pie d. Palla
P.so Tre Croci 1809
Federavecchia
Stabingrande
C.S. Marco
Stabiziane
Giralba
C.se Orsolina
Reane
P.so del Zovo
Auronzo di Cadore
S. Antonio (1482)
Villapiccola
S. Caterina
Lago di S. Caterina
Alb. Panoramic
Pádola
Dosoledo
Candide
Cas.
Sega Digon
Comélico Superiore
Costa
S. Nicolò di Comelico
Costalta
Campolongo
Danta di Cadore
Tabià di Piedo
S. Stefano di Cadore 908
Cortina d'Ampezzo
Chiave
Alvera
Val Landro Höhlenstein-Tal
Val di Sesto
Sextental
Fischleintal
Val Comelico
Ansiei
Drau
Isel
Schwarzach
E66
108
49
51
52
37

120
Rötelspitze 2625
Saltaus
Videgg
Alplatt-Sp.
Alner
Thalerhof
C.ma Rodella
Radelspitze 2422
Walminger
C.ma S.Cassiansp.
Longfallhof
Leiter-A.
Verdins
Montescena Schennaberg 2675
P.co Ivigna Ifinger Sp. 2581
M.Catino Mittager 2422
S.Martino St.Martin
Rif.S.Croce di Lazfons Latzfonser
Schl. Tirol
Tirolo Dorf Tirol
Velloi Vellau
Riomolino Mühlb.
Tschivon
Scena Schenna
Merano 2000
Rif.Parete Rossa Rotwand-H.
Sarntaler
Tel Töll
Plars
Foresta Forst
Lagundo Algund
Vernone Vernaun
Campolasta Astfeld 2509
Villa Nordh.
M.Villandro Villandersberg
Schonland-A.
Tinnebach
MERANO MERAN
Falzeben
Giogo di Croce Kreuzjoch 2086
Mitterberger
Aunerer Hof
Saring
S.Marzio St.Martius
Marlengo Marling
Sinigo Sinich
S.Caterina St.Katharina
Avelengo Hafling
Cast.d.Gatto Katzenstein
Schl. Fragsburg
Cast.Verruca
Sarentino Sarntal
Sella d.Sentieri Gasteiger Sattel 2057
Villanderer A.
Schl.Reineck
Larchbühel 1824
Baslan
Cermes Tscherms
S.Vigilio St.Vigil
M.S.Vigilio Vigiljoch
Möltner Kaser
Alpen
C.no di Renon Rittner Horn 2260
Tre C. Dreik.
Rif.Leadner Leadnerh.
M.di Méltina Möltner Joch
Bagni Serga Bad Schörgau
Ponticino Bundschen
Rif.Sottocorno Unterhorner Hs.
Lana
Pawigl
Postal Burgstall 1570
Eschio Aschl 1734
Campidell
Madonnina di Renon Gißmann
Verano Vöran
Rateis
Lanegg
Foiana Völlan
Völlaner Bad
Gargazzone Gargazon
Méltina Mölten
Eschio Valas Flaas
Gaberbrücke
Marterthal
Ost.d.Turisti W.Hs.Touristen
Bagno Dolce Bad Süß
Salonetto Schlaneid
Cast.Leone Leonburg
Frassineto Verschneid
Avigna Afing
Vanga Wangen
Áuna di sopra Oberinn
Longostagno Lengstein
Tésimo Tisens
Plazzóles Platzers
Vilpiano Vilpian
Tschauferhöhe 1468
Longomoso Lengmoos
Piramidi
Sciliar
Bagni di mezzo Mitterbad
Caprile Gfrill
Prissiano Prissian
S.Genesio At. Jenesien
Locher
Renon Ritten
Collalbo Klobenstein
Campodazzo
M.Luco Laugenspitze 2434
Bagni di C. Bad Gfrill
Nalles Nals
Terlano Terlan
Helfenburg
Cast.Vanga Schl.Wangen
Soprabolzano Oberbozen
Costalovara Wolfsgruben
Atzwang
Gampenjoch P.so d.Palade 1658
St. Jakob
Andriano Andrian
Greifenstein
Settequerce
Cast.Sarentino Rafenstein
Cast. Roncolo Schl. Runkelstein
BOLZANO BOZEN
Áuna di sotto Unterinn
A22
E45
Wechsel
Senale
San Felice Unsere liebe Frau i. W.
Festenstein
Schl.Hocheppan Cast.d'Appiano
Siebeneich
GRIES
Bolz.-N. Bozen-Nord
Prato all'Isarco Blumau
Malgasot
Predónico Perdonig 1866
Missiano Missian
Frangart
S.Felice St.Felix
M.Macaion Gantkofel
Cornedo all'Isarco Karneid
Collepietra Steinegg
Tret
S.Páolo/St.Pauls Monte/Berg
Cast.Firmiano
Colle Kohlern 1615
Eisack
Buchwald
Cornaiano Girlan
Bolzano Sud Bozen-S.
Stern
Laurein Laureno
Castelfondo
Appiano s.str.d.Vino Eppan
S.Michele St.Michael i.E.
S.Giacomo St.Jakob
M.Pozza Titschen
S.Valentino in Gummer
Dovena
Fondo 988 Malosco
M.Pénegal 1737
Pianizza Planitzing
L. d. Monticolo
Laives/Leifers
Lupicino Wölfl
Brez
Belvedere
1363
Monticolo Montiggl
Vadena Pfatten
Nova Ponente Deutschnofen
Ponte Nova Birchabruck
Eggental
Cloz
Sarnonico
Ronzone
Ruffrè Mendola
P.so d. Mendola Mendelpass
Caldaro s.str.d.Vino Kaltern
Vallarsa Branten Tal
Maso Casera Kaserhof
Bronzolo Branzoll
Monte S.Pietro Petersberg
Rionero Schwarzenbach
Dámbel
Cavareno
Romeno
Don
Amblar
Rif.Mezzavia 1594
Laimburg
Ringberg
Leuchtenburg
Pietralba Weissenstein 1520
Romallo
Revò
Sálter
Málgolo
S.Romédio
Bocca d.Valli
Castelvécchio Altenburg
L. d. Caldaro Kalterer See
Sella Söll
M.Pausabella Schönrast 1791
Aldino Aldein
Reggelberg
P.so di Lavazè
Casez
Tavon
Rif.Malga Romeno
M.Roen 2116
Rif.Oltrádige al Roen Überetsch-H.
Bletterbach-schlucht
Corno Bianco Weisshorn 2317
Olmi Hohlen
Redagno Radein 1989
Ora/Auer
Smarano
Coredo
Sfruz
Termeno s.str.d.Vino Tramin
Egna-Ora Neumarkt-Auer
Montagna Montan
Fontanefredde Kaltenbrunnen
la Rocca Schwarzhorn 2439
Ost.alla Chiusa
Tres
Corona Graun
Cortaccia Kurtatsch
Pinzon
Gleno Glen
Trodena Truden
S.Lugano 1097
Varena
Trentino
Segno
Vervò
Egna Neumarkt
Casignano Gschnon
Daiano
Carano
Cavalese
L. d. Mollaro
Grotta Coel
Corno di Tres 1812
Penone Penon
Naturp. Trudner Horn
M.Corno 1781
Anterivo Altrei
Mollaro
Priò
Magrè s.str.d.Vino Margreid
Parco Monte Corno
Molina
Castello Molina di Fiemme
Masi di Cavalese
Doss Laro 1278
Cast.Thun
Ton
di sopra Ober-Favogna Fennberg di sotto Unter-
Cortina s. Str.d.Vino Kurtinig
Laghetti Laag
Cauria Gfrill 1328
Capriana
Vigo Anaunia
Rocca Piana 1874
Roverè della Luna
Casatta
L. di Stramentizzo
Rocchetta
Pochi Buchholz
Valfloriana
Malga Nud.
Mezzocorona
Salorno Salurn
Gráuno
Piscine
Sicina
Grumes
Sover
M.Brustoloni 2105
Valda
Ponciach
Valcava
M.ga Stue alta
Mezzolombardo
Cast.di Monreale
S. Michele-Mezzocorona
1348
Faedo
Fáver
Segonzano
Piramidi di Segonzano
Fai della Paganella
S.Michele all'Adige
Cembra
Brusago
M.Croce 2488
P.so Manghen 2047
M.Val
M.Corona
Nave
Bedollo
Avisio
Val di Cembra
124

121

D
E
F
Welschmontal
Milland
Millan
C.ma della Plose
Plose Bühel
2504
S.Andrea in M.
St.Andrä
Plose,Plose-H.
2447
Scezze
Tschötsch
Schl. Pallaus
Sarnes
Sarns
Valcroce
Kreuztal
Plancios
Palmschoss
Pso d.Erbe
Würzjoch
Rungatsch
2004
Bagni di Antermóia
Bad Untermoi
S.Martino in B.
St.Martin in Th.
Piccolino
Piccolein
Snódres
Schnauders
Velturno
Feldthurns
Lazfons
Latzfons
Mon.di Sabiona
Kl.Säben
CHIUSA
KLAUSEN
Albes
Albeins
Fúnes
Villnöß
Afersbach
Monte di Funes
Munt
Sass de Pútia
Peitlerkofel
2874
Coristeles
Pederoa
Tiso
Teis
S.Pietro
St.Peter
Gudon
Gufidaun
Chiusa
Klausen
Villandro
Villanders
S.Maddalena
St.Magdalena
Pizzago
Pitzack
Gstammerhof
Bagni Froi
Bad Froi
Rif.Génova
Schlüterhaus
Zánnes
Zannser-A.
Longiarù
Campill
Misci
Mischi
Campillbach
Badia
Abtei
S.Croce
Heiligkreuz
Laion
Lajen
Cevas
Tschovas
S.Pietro
St.Peter
Ponte Gardena
Waidbruck
Resciesa Raschötz
2303
Rif.Resciesa
Raschötz-H.
2282
2165
Le Odle
Geisler Gruppe
Sass Rigais
3025
Seceda
2518
Pte d.Púez
Puezspitzen
2915
Parco Puez-Odle
Naturpark Puez-Geisler
Rif.Puéz
Puez-H.
Rif.Fermeda
Fermeda-H.
2080
Pedráces
Petratsches
S.Leonardo
St.Leonhard
La Villa
Stern
Costadedoi
Schl. Trostburg
Tagusa
Tagusens
Val Gardena
Grödnerbach
Ortisei
St.Ulrich
1240
S.Giacomo
St. Jakob
S.Cristina V.
St.Christina in G.
1427
Selva di V.G.
Wolkenstn.i.Gr.
Colfosco
Kollfuschg
1615
Alta Badia
1982
2078
Isarco
Castelrotto
Kastelruth
Bulla
Pufels
1437
Grödner Tal
Plan
2121
Corvara in Badia
Corvara
Laranza
Laranz
S.Vigilio
St.Vigil
Siusi
Seis
Alpe di Siusi
Seiser Alm
Bellavista
Saltaria
Saltner Schweige
1731
M.Pana
M.Soura
Sasso Lungo
Langkofel
3181
Pso di Gardena
Grödner Joch
Miramonti
Gruppo di Sella
Sellagruppe
2915
Pralongià
2138
S.Costantino
S.Konstantin
Razzes
Bad Ratzes
Tiroler Schweige
Pso di Campolongo
1875
Schlern
M.Sciliar Schlern
2564
Naturp. Schlern
Rif.Bolzano
Schlernhaus
2450
M.ga di Giogo
Zallinger-H.
Pso di Sella
Sellajoch
2244
Piz Boè
3151
Arabba
1602
Varda
Umes
Ums
Présule
Prösels
Parco d. Sciliar
Rif.A.di Siusi
Seiser-Alm-Haus
Col Rodella
2485
Pso Pordoi
2239
Livinallongo del Col di Lana
Bagni di Lavina Bianca
Weißlahnbad
Tschamintal
Duron
Gries
Rif.Belvedere
la Mesola
2734
Tires
Tiers
1019
S.Cipriano
St.Cyprian
Tiers Tierser Tal
Catináccio d'Antermóia
Kesselkogel
3002
Rif.Antermóia
Campitello di Fassa
Fontanazzo
Campestrin
Canazei
Rif.Tita Piaz
Penia
1553
Lago di Fedaia
Rif.Castiglioni
Pso di Fedaia
2047
Pso Nigra
Nigerpass
1688
Rif.Gardéccia
Mazzin
1379
Monzon
Alba
Rif.Pian Fiacconi
Ghiacc. d. Marmolada
Marmolada
3343
M.ga Ciapela
Campo
Nova Levante
Welschnofen
Rif.D. di Pistóia
Tscheiner H.
1774
Catinaccio
Rosengarten
Rif.Fronza
Rosengarten-H.
Rif.Ciampedie
1997
2486
Brunèc
Ciampie
Rif.Contrin
Sasso di Valfredda
3009
Vigo di Fassa
Pozza di Fassa
V.di S.Nicolò
Carezza al Lago
Karersee
S.Nicolò d'Ega
St.Nikolaus-Eggen
Costabella
2759
Rif.Fuciade
C.me d.Áuta
2623
Pievalle
Bewaller
Látemar
Pso di Costalunga
Karerpass
1745
2842
Soraga
Val di Fassa
Valláccia
2637
M.ga Monzoni
Rif.Taramelli
Pso di S.Pellegrino
1918
Rif.Flora Alpina
Novale
Rauth
San Floriano
Obereggen
Moena
1184
Fango
Valt
Caviola
Valle del Biois
Andrich
Rif.Absam
Ronchi
V. di S. Pellegrino
C.ma Bocche
2745
2550
Rif.Laresei
M.Pradazzo
2276
Falcade
Südtirol
Trentino
1805
Rif.Pampeago
Rif.Torre di Pisa
Forno
Avisio
Viezzena
2491
2056
Pso di Lúsia
Trentino
Pso di Valles
2033
Alto Adige
Veneto
M.Palmina
2032
M.Agnello
2357
Bellamonte
Panevéggio
M.ga Venegiotta
Travignolo
3054
Garés
1381
Predazzo
1014
Rif.Mulaz
Baita Segantini
1970
Val di Fiemme
V. Travignolo
L. di Forte Buso
Pso di Rolle
Cimon d.Pala
3185
Rif.Col Verde
Rif.d.Rosetta
Tésero
Panchià
Ziano di Fiemme
Colbricon
2603
C.ma d.Rosetta
2743
M.ga di Valmaggiore
C.ma di Cece
2754
Lagorai
Valle di Primiero
S.Martino di Castrozza
1466
Pala di S.Martino
2982
2939
Pale di S.Martino
Rif.Cauriol
1600
2530
Tognola
2405
Cavelonte
Rif.Pradidali
M.Cauriol
2000
A.Cermis
L. Lagorai
2229
Alpe Tognola
Parco Paneveggio - Pale di S. Martino
1630
Catena dei Lagorai
Rif.Refaváie
1116
C.ma Scanaiol
2463
Masi di Tognola
Valsorda
L. di Caláita
Cismon
Rif.Cant.d.Gal
Villa Welsperg
Lastè d.Sute
2615
Val Cia
1605
Pso di Cereda
1369
C.ma Folga
2436
Siror
766
Canali
Caoria di dentro
5 km
Pso Cinque Croci
2018
Cima d'Asta
2847
L. d. Bus
L. d. Cima d'Asta
Fiera di Primiero
Tonadico
Transacqua
Val Vísoa
Rif.O.Brentari
Prade
Lozen
Piana
M.Cengello
Góbbera
Imer
Mezzano

KARTENLEGENDE

Autobahn mit Anschlussstelle - Mautstelle	Horb 14	Motorway with junction - Toll
Autobahn in Bau - geplant	Datum/Date	Motorway under construction - projected
Tankstelle - Rasthaus - mit Motel	La Macchia	Filling station - Restaurant - with motel
Vierspurige Straße - in Bau		Road with four lanes - under construction
National- oder Staatsstraße - in Bau		Trunk road - under construction
Wichtige Hauptstraße - in Bau		Important main road - under construction
Hauptstraße - Nebenstraße		Main road - Secondary road
Fahrweg - Fußweg		Practicable road - Foothpath
Passstraße mit Wintersperre - Steigung	X-IV 10%	Mountain pass closed in winter - Gradient
Für Wohnwagen nicht empfehlenswert - gesperrt		Not suitable for caravans - closed
Gebührenpflichtige Straße - Für Kfz gesperrt		Toll road - Road closed for motor traffic
Hauptbahn mit Bahnhof - Nebenbahn		Main railway with station - Other railway
Eisenbahn (Güterverkehr) - Autoverladung		Railway (freight haulage) - Railway ferry for cars
Zahnradbahn - Seilbahn - Sessellift		Rack-railway - Cable lift - Chair lift
Autofähre - Schifffahrtslinie		Car ferry - Shipping route
Flughafen - Regionalflughafen - - Flugplatz - Segelflugplatz		Airport - Regional airport - - Airfield - Gliding field
Besonders sehenswerter Ort	BOZEN	Place of particular interest
Besondere Natursehenswürdigkeit	Grotta d. Vento	Natural object of particular interest
Sonstige Sehenswürdigkeit	✶ Cittadella	Other objects of interest
Landschaftlich schöne Strecke		Scenic road
Touristenstraße	Route des Grandes Alpes	Tourist route
Nationalpark, Naturpark - Aussichtspunkt		National park, nature park - Viewpoint
Botanischer Garten, sehenswerter Park - - Zoologischer Garten		Botanical gardens, interesting park - - Zoological garden
Burg, Schloss für Besucher zugänglich - Ruine		Castle open to public - Ruin
Sonstige Burg, Schloss - Kirche - Kloster - Ruinen		Other castle - Church - Monastery - Ruins
Turm - Funk- oder Fernsehturm		Tower - Radio- or TV tower
Denkmal - Leuchtturm		Monument - Lighthouse
Golfplatz - Jachthafen		Golf-course - Marina
Hotel, Motel, Gasthaus - Berghütte - Feriendorf		hotel, motel, inn - Mountain hut - Tourist colony
Campingplatz - Jugendherberge		Camping - Youth hostel
Strandbad - Schwimmbad - Heilbad		Bathing place - Swimming pool - Spa
Staatsgrenze		State boundary
Grenzkontrollstelle international - - mit Beschränkung		International check-point - - Check-point with restrictions
Verwaltungsgrenze - Sperrgebiet		Administrative boundary - Restricted area
Ausflüge & Touren		Excursions & tours

FÜR IHRE NÄCHSTE REISE

gibt es folgende MARCO POLO Titel:

DEUTSCHLAND
Allgäu
Amrum/Föhr
Bayerischer Wald
Berlin
Bodensee
Chiemgau/Berchtesgadener Land
Dresden/Sächsische Schweiz
Düsseldorf
Eifel
Erzgebirge/Vogtland
Franken
Frankfurt
Hamburg
Harz
Heidelberg
Köln
Lausitz/Spreewald/Zittauer Gebirge
Leipzig
Lüneburger Heide/Wendland
Mark Brandenburg
Mecklenburgische Seenplatte
Mosel
München
Nordseeküste Schleswig-Holstein
Oberbayern
Ostfriesische Inseln
Ostfriesland/Nordseeküste Niedersachsen/Helgoland
Ostseeküste Mecklenburg-Vorpommern
Ostseeküste Schleswig-Holstein
Pfalz
Potsdam
Rheingau/Wiesbaden
Rügen/Hiddensee/Stralsund
Ruhrgebiet
Sauerland
Schwäbische Alb
Schwarzwald
Stuttgart
Sylt
Thüringen
Usedom
Weimar

ÖSTERREICH | SCHWEIZ
Berner Oberland/Bern
Kärnten
Österreich
Salzburger Land
Schweiz
Steiermark
Tessin
Tirol
Wien
Zürich

FRANKREICH
Bretagne
Burgund
Côte d'Azur/Monaco
Elsass
Frankreich
Französische Atlantikküste
Korsika
Languedoc-Roussillon
Loire-Tal
Nizza/Antibes/Cannes/Monaco
Normandie
Paris
Provence

ITALIEN | MALTA
Apulien
Capri
Dolomiten
Elba/Toskanischer Archipel
Emilia-Romagna
Florenz
Gardasee
Golf von Neapel
Ischia
Italien
Italienische Adria
Italien Nord
Italien Süd
Kalabrien
Ligurien/Cinque Terre
Mailand/Lombardei
Malta/Gozo
Oberital. Seen
Piemont/Turin
Rom
Sardinien
Sizilien/Liparische Inseln
Südtirol
Toskana
Umbrien
Venedig
Venetien/Friaul

SPANIEN | PORTUGAL
Algarve
Andalusien
Barcelona
Baskenland/Bilbao
Costa Blanca
Costa Brava
Costa del Sol/Granada
Fuerteventura
Gran Canaria
Ibiza/Formentera
Jakobsweg/Spanien
La Gomera/El Hierro
Lanzarote
La Palma
Lissabon
Madeira
Madrid
Mallorca
Menorca
Portugal
Sevilla
Spanien
Teneriffa

NORDEUROPA
Bornholm
Dänemark
Finnland
Island
Kopenhagen
Norwegen
Oslo
Schweden
Stockholm
Südschweden

WESTEUROPA | BENELUX
Amsterdam
Brüssel
Dublin
Edinburgh
England
Flandern
Irland
Kanalinseln
London
Luxemburg
Niederlande
Niederländische Küste
Schottland
Südengland

OSTEUROPA
Baltikum
Budapest
Danzig
Estland
Kaliningrader Gebiet
Krakau
Lettland
Litauen/Kurische Nehrung
Masurische Seen
Moskau
Plattensee
Polen
Polnische Ostseeküste/Danzig
Prag
Riesengebirge
Russland
Slowakei
St. Petersburg
Tallinn
Tschechien
Ukraine
Ungarn
Warschau

SÜDOSTEUROPA
Bulgarien
Bulgarische Schwarzmeerküste
Kroatische Küste/Dalmatien
Kroatische Küste/Istrien/Kvarner
Montenegro
Rumänien
Slowenien

GRIECHENLAND | TÜRKEI | ZYPERN
Athen
Chalkidiki
Griechenland Festland
Griechische Inseln/Ägäis
Istanbul
Korfu
Kos
Kreta
Peloponnes
Rhodos
Samos
Santorin
Türkei
Türkische Südküste
Türkische Westküste
Zakinthos
Zypern

NORDAMERIKA
Alaska
Chicago und die Großen Seen
Florida
Hawaii
Kalifornien
Kanada
Kanada Ost
Kanada West
Las Vegas
Los Angeles
New York
San Francisco
USA
USA Neuengland/Long Island
USA Ost
USA Südstaaten/New Orleans
USA Südwest
USA West
Washington D.C.

MITTEL- UND SÜDAMERIKA
Argentinien
Brasilien
Chile
Costa Rica
Dominikanische Republik
Jamaika
Karibik/Große Antillen
Karibik/Kleine Antillen
Kuba
Mexiko
Peru/Bolivien
Venezuela
Yucatán

AFRIKA | VORDERER ORIENT
Ägypten
Djerba/Südtunesien
Dubai
Israel
Jerusalem
Jordanien
Kapstadt/Wine Lands/Garden Route
Kapverdische Inseln
Kenia
Marokko
Namibia
Qatar/Bahrain/Kuwait
Rotes Meer/Sinai
Südafrika
Tansania, Sansibar
Tunesien
Vereinigte Arabische Emirate

ASIEN
Bali/Lombok
Bangkok
China
Hongkong/Macau
Indien
Indien/Der Süden
Japan
Kambodscha
Ko Samui/Ko Phangan
Krabi/Ko Phi Phi/Ko Lanta
Malaysia
Nepal
Peking
Philippinen
Phuket
Rajasthan
Shanghai
Singapur
Sri Lanka
Thailand
Tokio
Vietnam

INDISCHER OZEAN | PAZIFIK
Australien
Malediven
Mauritius
Neuseeland
Seychellen
Südsee

REGISTER

In diesem Register sind alle im Reiseführer erwähnten Sehenswürdigkeiten und Ausflugsziele sowie einige wichtige Straßen und Plätze aufgeführt. Halbfette Seitenzahlen verweisen auf den Haupteintrag.

> SCHREIBEN SIE UNS

Liebe Leserin, lieber Leser,

wir setzen alles daran, Ihnen möglichst aktuelle Informationen mit auf die Reise zu geben. Dennoch schleichen sich manchmal Fehler ein – trotz gründlicher Recherche unserer Autoren/innen. Sie haben sicherlich Verständnis, dass der Verlag dafür keine Haftung übernehmen kann.

Wir freuen uns aber, wenn Sie uns schreiben.

Senden Sie Ihre Post an die
MARCO POLO Redaktion,
MAIRDUMONT, Postfach 3151,
73751 Ostfildern,
info@marcopolo.de

IMPRESSUM

Titelbild: Apfelplantage (Bilderberg: Blickle)
Fotos: Adrenalina Kitesurf Club Reschen: Uli Stampfer (13 u.); Bilderberg: Blickle (1, 26); Ferienregion Tauferer Ahrntal (14 u.); © fotolia.com: Petruschka (100 M. l.); Leslie Gauditz (12 o.); HB Verlag: (3 M., 89), Fabig (5, 16/17); Himmelreich Alpenranch: Ingrid Mair (100 u.r.); Hotel Bad Schörgau: Peter Blaha (100 o. l.); Hotel Greif: Annette Fischer (15 M.); ©iStockphoto.com: debibishop (101 M.r.), Tony_Kwan (100 M. r.), zimmytws (101 u. r.); M. Kirchgessner (4 r.); H. Krinitz (U. r., 8/9, 22/23, 24/25, 27, 28, 28/29, 30/31, 52/53, 65, 76, 86, 90/91, 94, 96/97, 102/103); Kulturverein „tonART": Tiberio Sorvillo (14o.);Laif: Heidorn (2 l., 104), Tophoven (66); Look: Ehn (2 r.), Galli (3 l.); Mauritius: Thonig (69); Sylvia Pichler (15 u.); Günther Plankensteiner: Josef Perntner (15 o.); Schrott Josef & Co. KG: Pierpaolo Mariotti (101 M.l.); Stadttheater Bruneck: Klaus Gasperi (12 u.); T. Stankiewicz (3 r., 11, 19, 21, 22, 23, 29, 32, 37, 39, 44/45, 54, 57, 59, 62, 67, 83, 85, 92, 99, 106/107, 109); O. Stimpfl (131 o.); M. Thomas (88); Tourismusverein Innichen: Hanna Erharter (13 o.); Weingut Ansitz Waldgries (101 o. l.); Günther Plankensteiner: Josef Perntner (15 o.); T. P. Widmann (4 l., 6/7, 34, 40/41, 42, 47, 49, 60/61, 70/71, 72, 73, 75, 78/79, 116/117); W. Wirth (U. l., U. M., 50, 80)

3. (13.), aktualisierte Auflage 2010

Chefredaktion: Michaela Lienemann (Konzept, Chefin vom Dienst), Marion Zorn (Konzept, Textchefin)
Autor: Oswald Stimpfl; Redaktion: Jens Bey
Programmbetreuung: Silwen Randebrock; Bildredaktion: Gabriele Forst
Szene/24h: wunder media, München
Kartografie Reiseatlas: © MAIRDUMONT, Ostfildern
Innengestaltung: Zum goldenen Hirschen, Hamburg; Titel/S. 1–3: Factor Product, München

Printed in Hungary. Gedruckt auf 100% chlorfrei gebleichtem Papier

> UNSER AUTOR

MARCO POLO Insider Oswald Stimpfl im Interview

Oswald Stimpfl ist waschechter Südtiroler mit deutscher Muttersprache. Der Autor lebt und arbeitet im zweisprachigen Bozen.

Was gefällt Ihnen an Ihrer Heimat?

An Südtirol gefällt mir der Mix aus italienischer Lässigkeit und deutscher Gründlichkeit, das Klima mit viel Sonne und milden Wintern, dann die großartige Landschaft, von hochalpin bis zu südlich-mediterran. Und ich finde auch, wo mehrere Sprachgruppen leben, entwickelt sich eine außergewöhnliche kulturelle Vielfalt.

Und was mögen Sie an Südtirol nicht so?

Die Nabelschau der für meinen Geschmack zu volkstumspolitisch eingestellten Einheitspartei, die kaum andere Meinungen aufkommen lässt und als „Wir sind die Besten" auftritt. Solche Zöpfe wären abzuschneiden.

Was genau machen Sie beruflich?

Vor zehn Jahren habe ich von der EDV-Branche auf die Personaldienstleistung umgesattelt und arbeite in der Bozener Geschäftsstelle einer Zeitarbeitsfirma. Etwa zur gleichen Zeit begann ich sozusagen als Spätberufener mit dem Bücherschreiben. Die Themen sind Südtirol und die Dolomiten, Land und Leute, Essen und Trinken.

Sprechen Sie außer deutsch auch italienisch oder ladinisch?

Neben meiner Muttersprache spreche ich auch fließend italienisch, was gut für mein Berufsumfeld ist, denn alle meine Arbeitskollegen sind Italiener. Ladinisch kann ich nur ein paar Brocken, leider.

Was machen Sie in Ihrer Freizeit?

Ich koche gerne, für mich und meine Freunde. Und dann streife ich natürlich, wann immer es die Zeit zulässt, zu Fuß, mit dem Trekking- oder Mountainbike, den Tourenskiern oder Schneeschuhen offenen Auges durchs schöne Südtirol.

Sie kommen also viel in Südtirol herum!

Ich bin rastlos unterwegs, es gibt ja immer noch (wenige) Winkel in meiner Heimat, die ich noch nicht kenne. Es ist übrigens schon öfter vorgekommen, dass ich in Rom im Fernsehen über meine guten Südtirol-Kenntnisse berichten durfte, auch Tiroler Speckknödel habe ich dort vor laufender Kamera gekocht.

Und was ist Ihr Lieblingsessen?

Die ursprüngliche Südtiroler Küche hat ja bäuerliche Wurzeln, sie ist also einfach und kräftig. Gut, dass sie viel von der Leichtigkeit der italienischen angenommen hat – wir sind alle keine Holzhacker mehr! Aber hie und da gönne ich mir einen Jungschafbraten mit Kartoffeln vom Rohr, das „Bauernschöpserne".

> BLOSS NICHT!

Sechs Dinge, die Ihnen in Südtirol nur Ärger bereiten

Italienische Ortsnamen verwenden

In Südtirol italienische Ortsnamen zu verwenden, gilt nicht nur als Unsitte, es trifft die deutschsprachige Bevölkerung an einem nach wie vor empfindlichen Punkt. Die Herkunft der meisten italienischen Namen liegt nämlich in der Zeit des Faschismus, als Ettore Tolomei, ein überzeugter italienischer Nationalist, rund 20000 deutsche Orts- und Flurnamen meist völlig willkürlich ins Italienische übersetzte.

Überall rauchen

In öffentlich zugänglichen Räumen, also nicht nur in Büros, Bahnhöfen und Geschäften, auch in Kaffeebars und Restaurants darf seit 2005 bei hoher Strafe (275 Euro) nicht mehr geraucht werden. Es heißt also: Espresso und Spaghetti ohne Zigarette, es sei denn, das Lokal bietet Räume an, in die sich die Raucher zurückziehen können.

Mit Turnschuhen in die Berge

Wanderwege, Höhenwege, Gipfelbesteigungen – sie sollten selbst bei gutem Wetter mit robusten Bergschuhen begangen werden, denn lang anhaltende Trockenheit oder unerwartete Wetterumschwünge können das Gelände schwer begehbar machen. Vor jeder Wanderung empfiehlt es sich, Erkundigungen über den genauen Wegverlauf einzuholen; gutes Kartenmaterial und warme Funktionskleidung mitzunehmen ist ein Muss. Plötzliche Gewitter sind nämlich in den Bergen nicht selten und bringen neben Blitzgefahr auch das Risiko starker Abkühlung mit sich.

Pilze sammeln

In Südtirol ist das Pilzesammeln nur nach Anmeldung, an ganz bestimmten Tagen, in ganz bestimmten Mengen und nach Bezahlen einer Gebühr erlaubt. Wer bei einer der scharfen und regelmäßigen Kontrollen erwischt wird, muss mit einer hohen Geldstrafe rechnen. Also: Kaufen Sie Steinpilze, Pfifferlinge oder andere Sorten lieber frisch oder getrocknet auf dem Markt.

Bei Schlechtwetter auf leere Städte hoffen

Verregnete Wochenenden oder Feiertage sind in fast allen Städten eine Garantie für großen Menschenauflauf. Viele nutzen die Zeit für Museumsbesuche oder zum Shoppen. Stellen Sie sich daher auf längere Wartezeiten an den Museumskassen ein. Reservieren Sie Eintrittskarten oder Restaurantplätze und reisen Sie mit öffentlichen Verkehrsmitteln an, so können Sie Stau und Parkplatzsuche ausweichen.

Bergstraßen unterschätzen

Die kürzeste Strecke auf der Landkarte entpuppt sich oft als Kurvenhorror über hohe Pässe. So beliebt die Passstraßen vor allem bei Motorradfahrern sind, so oft werden die Kurven und Sichtverhältnisse unterschätzt.